I0821096

le bonheur

La *Bibliothèque hédoniste*
est dirigée par Michel Onfray

Maquette de couverture : Michel Denis

La *Bibliothèque hédoniste* a reçu le soutien
de la D.R.A.C. Rhône-Alpes

collection encre marine
dirigée par jacques neyme
ISBN 2-84186-342-5

helvétius

le bonheur

poème allégorique

présentation de michel onfray

encre marine

Cette édition du poème d'Helvétius
Le bonheur
reproduit le texte de l'édition originale des Œuvres complètes parue en 1795.
Nous avons seulement modernisé
l'orthographe et l'accentuation.

Sommaire

Présentation de Michel Onfray

Radicalités d'Helvétius

PERCEPTEUR, voilà un métier apparemment antinomique avec l'activité philosophique ! Alors percepteur gauchiste... Certes les mots conviennent si l'on consent aux anachronismes : quand on lit *percepteur*, entendons Fermier Général et *gauchiste*, proche du petit peuple, des sans grades, des tâcherons de la féodalité pré-révolutionnaire. En effet, Helvétius vit un temps de cette fonction honnie par les révolutionnaires de 1789, avant de démissionner de ce métier détestable et de celle, cumulée, de Maître d'Hôtel ordinaire de la Reine pour épouser une jeune fille pauvre qui devient la femme de sa vie et la mère de ses enfants.

Beau, riche, intelligent, Helvétius commence une carrière de galant à Caen où l'Académie des Belles Lettres l'accueille. Période des vers galants, de l'amitié avec Voltaire, des alexandrins publiés en épîtres au kilomètre sur le bonheur, le plaisir et les arts. En fait, dès cette période, il dispose de toute sa thématique philosophique développée dans *De l'esprit* (1758) et *De l'homme* (posthume, 1771) : la recherche du plaisir guide en permanence les hommes ; elle constitue le ressort de toute communauté ; elle permet les bases d'une sage législation ; l'utilité est le moteur de l'action ; le despotisme, agissant de conserve avec la superstition, définit l'ennemi de prédilection. *Le Bonheur* n'enseigne rien d'autre, les autres livres non plus – même s'ils le disent moins galamment, plus longuement, parfois plus lourdement.

Contrairement à une légende tenace, Helvétius n'est pas athée, mais déiste, ni matérialiste, mais nominaliste. Ses ennemis – il en a : jésuites, monarchistes, jansénistes, dévots, bigots, cagots, idéalistes... – et ses amis – pire peut-être que ses ennemis : les marxistes soviétiques et althussériens... – tirent la couverture à eux et transfigurent sa pensée. Son œuvre montre bien plutôt une pensée utilitariste, ce que l'historiographie dominante, borgne quand elle n'est pas aveugle, s'interdit pour associer de manière pavlovienne utilitarisme et philosophie anglo-saxonne. Or Bentham, le fondateur, mais Godwin également, le généalogiste, avouent leur dette à la pensée du philosophe sensualiste.

Lisons-le bien plutôt comme cet inventeur méconnu d'une philosophie qui, après le coup d'État réussi de Victor Cousin, devient le prototype d'une pensée honnie parce que compatible avec les idéaux de 89 : *l'utilitarisme sensualiste et empirique français.* Dès lors, il faut bien qu'elle soit athée, matérialiste et pré-révolutionnaire : c'est plus facile pour bien et mieux détester. Ainsi peut-on dérouler le tapis rouge universitaire parisien à Kant, puis à Hegel, autrement dit à l'idéalisme chrétien revu et corrigé à l'aide des brumes conceptuelles de l'idéalisme allemand.

De son vivant, la haine s'abat sur lui lors de la publication de *De l'esprit.* Tombereaux d'insultes, mépris de toute part, chroniques haineuses, comptes rendus malveillants de journalistes n'ayant pas lu – pléonasme… –, pamphlets d'inconnus en quête des miettes d'une renommée médiatique, cabales personnelles, attaques ad hominem, pressions sur sa famille, menaces, coups tordus, violence redoublée de l'Église, du Parlement, du Roi, de la Reine, du Pape, des anti-philosophes chrétiens, de la Sorbonne, bien sûr, condamnations, humiliations, rétractation exigée, obtenue, mais plusieurs fois réitérées, silence des autres philosophes, lâchages de la plupart – Voltaire, Diderot, Rousseau, D'Alembert, Grimm.

Sa fin d'existence a lieu dans la douleur. Helvétius vit entre son Hôtel particulier parisien, où il reçoit la fine fleur intellectuelle du moment – Diderot, Condorcet, Rousseau, Hume, Condillac, Beccaria, Smith, D'Holbach parmi les plus célèbres… –, et ses propriétés de campagne – Voré dans le Perche, Lumigny en Beauce. Il travaille à *De l'homme* qu'il veut posthume afin d'éviter la haine, la vindicte et les ennuis.

Des premiers vers – dont *Le bonheur* – au livre posthume, dans son œuvre et dans sa vie, Helvétius vit en hédoniste et en sage. Généreux, doux, bon, partageur, affable, passionné de justice, soucieux du plus grand bonheur du plus grand nombre, militant de l'intérêt général, défenseur d'une religion civique, attentif à créer son plaisir en même temps que celui des autres, psychologue lucide, promoteur d'une « science de l'éducation » à même de réaliser son réformisme radical, il veut passionnément le bonheur pour tous. On comprend que pareil philosophe concentre la haine de tous les pisse-froid, innombrables dans l'Église, l'État, l'Université et… la vie quotidienne. D'où l'urgence de lire ou relire cette quintessence versifiée de sa pensée intempestive.

Michel Onfray

ŒUVRES
COMPLETES
D'HELVÉTIUS.

TOME TREIZIEME.

A PARIS,

DE L'IMPRIMERIE DE P. DIDOT L'AÎNÉ.

L'AN IIIe DE LA RÉPUBLIQUE.

1795.

helvétius

le bonheur

poème allégorique

Préface

Le bonheur est l'objet des désirs de tous les hommes, et non pas de leurs réflexions. En le cherchant sans cesse, ils s'instruisent peu des moyens de l'obtenir ; et il ne leur a fait faire jusqu'à présent que quelques maximes, quelques chansons, et peu d'ouvrages.

Les philosophes de l'antiquité s'occupaient beaucoup de cet objet important ; mais ils ont donné plus de phrases que d'idées. Il y a bien de l'esprit dans les traités de Vita beata, de Tranquillitate animi, *de Sénèque, et très peu de philosophie.*

Les moralistes modernes, soumis à la superstition, qui ne peut régner sur l'homme qu'autant qu'elle le rabaisse et l'épouvante, ont fait la satyre de la nature humaine, et non son histoire ; ils promettent de la peindre, et ils la défigurent ; il exilent le bonheur dans le ciel, et ne supposent pas qu'il habite la terre. C'est par le sacrifice des plaisirs qu'ils nous proposent de mériter ce bonheur qu'ils ont placé au-delà de la vie. Chez eux le présent n'est rien, l'avenir est tout ; et, dans les plus belles parties du monde, la science du salut a été cultivée aux dépens de la science du bonheur.

Quelques philosophes modernes ont fait de petits traités sur le bonheur. Les plus célèbres sont ceux de Fontenelle et de Maupertuis.

Fontenelle qui n'a été longtemps qu'un bel esprit, n'était pas encore philosophe quand il a fait son traité. Il ne savait pas alors généraliser ses idées. Il répand dans son ouvrage quelques vérités utiles et finement aperçues ; mais il arrange son système pour son caractère, ses goûts et sa situation. Dans ce système, les âmes sensibles ne trouvent rien pour elles ; il apprend peu de choses sur la manière de rendre le bonheur plus général et nous dit seulement comment Fontenelle était heureux.

Maupertuis, esprit chagrin et jaloux, malheureux parce qu'il n'était pas le premier homme de son siècle ; Maupertuis, avec le secours de deux ou trois définitions fausses, en donnant nos désirs pour des tourments, le travail, pour un état de souffrance, nos espérances pour des sources de douleur, nous représente comme accablés sous le poids de nos maux. Selon lui, l'existence est un mal et, en dissertant du bonheur, il paraît tenté de se pendre.

Après ces tristes et vains raisonneurs, et d'autres dont nous ne parlerons pas, on doit entendre avec plaisir un philosophe, un homme aimable, aimé et heureux, parler du bonheur ; et nous pensons que le public ne verra pas sans intérêt cette esquisse que nous lui présentons.

On y trouve une saine philosophie, de grandes idées, des tableaux sublimes, de la verve et de l'énergie, une foule d'images et de vers heureux. Si le plan ne se trouve pas exactement rempli, s'il y a de fréquentes négligences dans les détails, des tours, des expressions prosaïques ; si l'harmonie n'est pas assez variée et assez vraie ;

ces défauts sont en partie expiés par quelques beautés de la première classe. Plusieurs de ces défauts se trouvent dans le poème de Lucrèce, rempli d'ailleurs d'une fausse philosophie ; et cependant ce poème a franchi avec gloire le long espace de vingt siècles.

J'avoue que l'esquisse de Lucrèce est moins imparfaite que celle de M. Helvétius. Nous osons espérer cependant que le Français sera traité avec la même indulgence que le Romain a obtenue de son siècle et de la postérité. Il la mérite par le désir du bonheur des hommes qui est répandu dans cet ouvrage comme dans ses deux autres, et qui anima l'auteur dans tout le cours de sa vie.

Le bonheur

Chant premier

Argument

Le poète cherche dans quel état et dans quelle sorte de biens la Nature a placé le bonheur. Il interroge la Sagesse, qui lui montre les avantages et les inconvénients de ce que l'homme appelle des biens. D'abord les plaisirs de l'amour : ils rendent l'homme heureux pendant quelques moments : mais le dégoût et l'ennui les suivent ; et ceux qui se sont abandonnés à ces plaisirs se trouvent, dans un âge avancé, sans ressource pour le bonheur. La Sagesse lui montre les plaisirs et les troubles de l'ambition, ses ravages et ses crimes. Le poète conclut que si les grandeurs sont une source de plaisir, elles donnent encore moins le bonheur que les voluptés des sens.

Le bonheur

Chant premier

PLONGÉ dans les ennuis, l'homme, disais-je un jour,
Est-il donc au malheur condamné sans retour ?
Quels vents impétueux, ô puissante Sagesse,
De l'île du Bonheur me repoussent sans cesse !
Que d'écueils menaçants en défendent les bords !
Ô si tous les mortels, jetés loin de ses ports,
Errent au gré des vents et sans mâts et sans voiles,
Si leur vaisseau perdu méconnaît les étoiles,
Viens me servir de guide. Eh ! que puis-je sans toi ?
J'ai cherché le bonheur ; il a fui loin de moi.
Séduit par une longue et trop vaine espérance,
J'erre dans les détours d'un labyrinthe immense.
Est-ce dans les plaisirs, est-ce dans la grandeur,
Que l'homme doit poursuivre et trouver le bonheur ?
Sagesse, c'est à toi de résoudre mes doutes :
De la félicité tu peux m'ouvrir les routes.
Je dis ; un doux sommeil appesantit mes yeux,
Et, descendu soudain de la voûte des cieux,
Un songe bienfaiteur, dans l'azur d'une nue,

Présente à mes regards la Sagesse ingénue.
Simple dans ses discours, aimable en son accueil,
Elle n'affecte point un pédantesque orgueil ;
D'une fausse vertu dédaignant l'imposture,
Elle-même applaudit aux leçons d'Épicure ;
Indulgente aux humains, de sa paisible cour
Elle n'écarte point et les Jeux et l'Amour.
    Mortel, je viens, dit-elle, apaiser tes alarmes,
De tes humides yeux je viens sécher les larmes,
T'apprendre qu'au hasard tu diriges tes pas,
Et cherches le bonheur où le bonheur n'est pas.
    Je me trouve à ces mots au centre d'un bocage.
Une onde vive et pure en rafraîchit l'ombrage ;
Sous un berceau de myrte est un trône de fleurs
Dont l'art a nuancé les brillantes couleurs.
Là du chant des oiseaux mon oreille est charmée ;
Là d'arbustes fleuris la terre est parfumée.
Leurs esprits odorants, leur ombre, leur fraîcheur,
Tout invite à l'amour et mes sens et mon cœur :
Dans ces lieux enchantés tout respire l'ivresse.
    C'est ici, dit mon guide, où règne la Mollesse.
Je la vois : que d'attraits à mes regards surpris !
Les roses de son teint en animent les lis ;
Son corps est demi-nu, sa bouche demi-close,
Sur l'albâtre d'un bras sa tête se repose ;

Et, tandis que son œil qu'enflamme le désir
Sur son sein palpitant appelle le plaisir,
Des zéphyrs indiscrets l'haleine caressante
Soulève son écharpe et sa robe flottante.
Sa coquette pudeur aux transports des amants
Oppose ces dédains, ces refus agaçants,
Ces cris entrecoupés, cette faible défense
Qui, flattant leur espoir et provoquant l'offense,
Au désir enhardi permet de tout tenter.
    Quel nouveau charme ici me force à m'arrêter ?
Des nymphes, en chantant l'amour et son délire,
Trop jeunes pour jouir, s'exercent à séduire.
L'une d'un pied léger suit un faune amoureux,
Et ses rapides pas ont devancé mes yeux.
En déployant ses bras balancés par les grâces,
L'autre entraîne en riant son amant sur ses traces.
Modeste dans ses vœux, il demande un baiser,
Qu'elle laisse ravir, et feint de refuser.
Aux pieds d'Omphale, ici, je vois filer Alcide ;
Plus loin, Renaud, conduit sous le berceau d'Armide,
S'applaudit dans ses bras de l'oubli du devoir.
Il ne voit point encor le magique miroir
Qui doit, en lui montrant sa honte et sa faiblesse,
L'arracher pour jamais des bras de la Mollesse.
    De son trône ombragé par un feuillage épais

L'œil découvre des bois partagés en bosquets,
Arène des plaisirs, voluptueux théâtre,
Où, variant ses jeux, la vive Hébé folâtre.
Là, conduit par les Ris, je m'avance, et je vois
Des belles s'enfoncer dans l'épaisseur d'un bois,
Fuir le jour, et tomber sur un lit de fougère.
Leurs appas sont voilés d'une gaze légère,
Obstacle au doux plaisir, mais obstacle impuissant ;
Le voile est déchiré, l'amour est triomphant,
L'amant donne et reçoit mille baisers de flamme,
Sur sa brûlante lèvre il sent errer son âme ;
Et mon œil attentif voit, au sein du plaisir,
De charmes ignorés la beauté s'embellir.
    Plus loin, près d'un ruisseau, sont les jeux de la lutte.
C'est là qu'à son amant une amante dispute
Ce myrte, ces faveurs que sa main veut ravir.
Je les vois tour à tour s'approcher et se fuir.
La nymphe cède enfin sur l'arène étendue.
Que de secrets appas sont offerts à la vue !
Aux prières, aux cris sa pudeur a recours :
Vains efforts ; le ruisseau réfléchit leurs amours.
Vainement la naïade en ses grottes profondes
Dérobe ses beautés sous le crystal des ondes ;
L'Amour plonge, l'atteint, l'embrasse dans les flots ;
Et le feu du désir s'allume au sein des eaux.

Dans ces lieux, de jouir tout s'occupe sans cesse.
C'est ici que l'Amour, prolongeant son ivresse,
Découvre un nouvel art d'irriter les désirs,
Et d'y multiplier la forme des plaisirs.
    Je le sens, dis-je alors, tout sage est Sybarite.
Cherche-t-on le bonheur ? c'est ici qu'il habite.
Reine de ces beaux lieux, je suis à vos genoux ;
Prêtresses du Plaisir, je me consacre à vous.
    Mais déjà les amants, plus froids dans leurs caresses,
Sentent dans ces transports expirer leurs tendresses ;
Leurs yeux ne brillent plus des flammes du désir,
Et les langueurs en eux succèdent au plaisir.
Au sein des voluptés, je le vois, ô Sagesse,
Le rapide bonheur n'est qu'un éclair d'ivresse.
Eh quoi ! pour ranimer les besoins satisfaits,
La beauté n'aurait plus que d'impuissants attraits !
Quoi ! ces myrtes flétris ne jettent plus d'ombrage !
Regarde, dit mon guide, au fond de ce bocage ;
Vois ce cortège affreux de regrets, de douleurs,
Et les ronces déjà croître parmi les fleurs.
Quand Hébé disparaît, le ciel ici n'envoie
Que des chagrins cuisants sans mélange de joie ;
Et ce temple où ton œil cherche encor le bonheur,
Assiégé de dégoûts, n'est qu'un séjour d'horreur.
Quand le plaisir s'enfuit, en vain on le rappelle.

La flamme de l'amour ne peut être éternelle.
C'est en vain qu'un instant sa faveur te séduit ;
Le transport l'accompagne, et le dégoût le suit.
Hébé fuit à l'instant. Déjà sur ces bocages
Borée au front neigeux rassemble les nuages ;
Et, sur un char obscur transporté par les vents,
Le froid Hiver détruit le palais du Printemps.
De son rameau flétri la feuille est détachée,
L'onde se consolide, et l'herbe desséchée
Implore, mais en vain, le dieu brillant du jour.
Sur le trône où régnaient la Mollesse et l'Amour,
Que vois-je ? c'est l'Ennui, monstre qui se dévore,
Qui se fuit en tout lieu, se retrouve et s'abhorre.
Le front environné d'un rameau de cyprès,
Il voit auprès de lui, poussant de vains regrets,
Les amants malheureux qu'aucun transport n'enflamme
Sonder avec effroi le vide de leur âme.
Déjà l'Infirmité, les yeux éteints et creux,
Le corps moitié courbé sur un bâton noueux,
A de l'âge caduc hâté le lent outrage,
Et de son doigt d'airain sillonné leur visage.
Ils invoquent la Mort, espoir du malheureux ;
Et la trop lente Mort se refuse à leurs vœux.
Ici, je le vois trop, le bonheur n'est qu'une ombre ;
C'est l'éclair fugitif au sein d'une nuit sombre.

Sybarite, pourquoi ces regrets impuissants ?
Quoi ! les plaisirs passés font tes malheurs présents !
Il pouvait être heureux, répliqua la Sagesse,
Que l'amour de plaisirs eût semé sa jeunesse ;
L'amour est un présent de la Divinité,
L'image de l'excès de sa félicité ;
Il pouvait en jouir : mais il devait en sage
Se ménager dès lors des plaisirs de tout âge.
Que lui servent, hélas ! ces regrets superflus ?
L'inutile remords n'est qu'un malheur de plus.
Mais s'il est des instants où, plein de sa tendresse,
Un amant en voudrait éterniser l'ivresse,
En fut-il un jamais où, libre du désir,
L'ambitieux voulût s'arrêter pour jouir ?
La grandeur qu'il obtient toujours porte avec elle
L'impatient espoir d'une grandeur nouvelle.
De cet espoir rempli naît un désir nouveau ;
Et d'espoir en espoir il arrive au tombeau.
À ces mots, entraîné par la main qui me guide,
Je me sens transporté dans une plaine aride.
Là s'élèvent des monts couverts de toutes parts
De débris et de morts confusément épars.
Leur croupe ravagée et leurs superbes faîtes
Sont frappés de la foudre et battus des tempêtes.
Quel effroi me saisit : quels cris tumultueux !

Par quel espoir guidé sur ces monts orageux
Ce héros tente-t-il d'escalader leurs cimes ?
Quel est ce roc altier environné d'abîmes
Qui sort d'entre ces monts et monte jusqu'aux cieux ?
　Ô mortel, c'est ici que les ambitieux,
Étouffant le remords et sa voix importune,
Viennent à prix d'honneur conquérir la fortune,
Revêtir leur orgueil de ces biens apparents,
De ces titres pompeux qu'idolâtrent les grands,
De ces bandeaux sacrés, de ce pouvoir suprême,
Fantôme du bonheur, et non le bonheur même.
Au pied de ce rocher, sur ces débris épars,
Tu vois l'Ambition porter des yeux hagards.
Ce monstre errant sans cesse aux bords de ces abîmes,
Rongé par les chagrins, escorté par les crimes,
Troublé par le présent, rarement y peut voir
L'avenir embelli des rayons de l'espoir ;
La Crainte prévoyante, à travers les ténèbres,
Le lui montre éclairé par des lueurs funèbres.
Il se hait, il se fuit : souvent, pour le punir,
Le ciel lui rend présents tous les maux à venir.
　Ô folle Ambition, poursuivait la Sagesse,
Déjà gronde sur toi la foudre vengeresse.
Lorsque la Trahison, la Fourbe et les Fureurs
Ont aplani pour toi la route des grandeurs,

Au trône où tu t'assieds tu portes les alarmes ;
J'y vois ton voile d'or inondé de tes larmes.
    Elle dit ; et j'entends sur ces monts caverneux
L'Ambition pousser des hurlements affreux.
Avec un bruit pareil au long bruit du tonnerre
Ses cris sont répétés aux deux bouts de la terre.
Tous les ambitieux, accourant à sa voix,
Par trois chemins divers s'avancent à la fois.
Les premiers, précédés de la pâle Épouvante,
Le bras ensanglanté, la tête menaçante,
Marchent en décochant les flèches du trépas.
La Désolation se roule sur leurs pas ;
L'Esclavage les suit traînant ses lourdes chaînes,
Et conjurant la Mort de terminer ses peines.
    Cette plaine à tes yeux présente les guerriers
Que la Victoire a ceints de coupables lauriers.
Fléaux du monde entier, ses maux sont leur ouvrage.
Mais quels tristes accents ! quel effroi ! quel ravage !
De palais, de hameaux et de moissons couverts,
Les champs à leur aspect se changent en déserts.
Ici, vois la Terreur, à l'œil fixe, au teint blême,
Qui fuit, s'arrête, écoute, et s'effraie elle-même.
Plus loin, c'est la Fureur, la froide Cruauté,
Qui de leurs pieds d'airain foulent l'Humanité ;
L'aveugle Désespoir, qui, nourri pour la guerre,

Le bras nu, l'œil troublé, court, combat, et s'enferre.
Vois ces fiers conquérants, ces superbes Romains,
Sous le poids de leur gloire oppresser les humains ;
Vois leurs pas destructeurs marqués par le carnage,
Les remparts enflammés éclairant leur passage,
Les temples de la Paix tombant à leurs regards,
Et les Arts éperdus fuyant de toutes parts.
Tels sont donc les mortels dont la terre en silence
Adore les décrets, révère la puissance !
Partout on leur construit des tombeaux fastueux,
D'un pouvoir qui n'est plus monuments orgueilleux
On les élève au ciel, l'univers les admire :
Avec ses destructeurs c'est ainsi qu'il conspire,
Et qu'en déifiant les fureurs des héros
L'homme les encourage à des crimes nouveaux.
Ô toi, d'un faux honneur imprudemment avide,
Qui dans les champs de Mars consacres l'homicide,
Ô mortel, puisses-tu mesurer désormais
L'héroïsme des rois au bonheur des sujets !
Mais, plus loin, quelle foule, humble en sa contenance,
Par des sentiers obscurs jusqu'à ces monts s'avance,
Et veut, en affectant le mépris des grandeurs,
Par ce mépris lui-même arriver aux honneurs ?
Quel monstre les conduit ? La sombre Hypocrisie,
Aux crimes, à la honte, aux remords endurcie,

Qui se jouant de Dieu feint de le respecter,
Qui dans tous ses forfaits ose encor l'attester,
Pour marcher au pouvoir rampe dans la poussière,
Et cache son orgueil sous la cendre et la haire.
Des aveugles mortels ce monstre respecté
Règne par l'imposture et la stupidité,
Par la crainte d'un Dieu qu'en secret il blasphème,
Par la crédulité qui s'aveugle elle-même.
Il guide sur ces monts d'autres ambitieux
Implacable en sa haine, il écarte loin d'eux
La tendre Charité, qui, brûlant d'un saint zèle,
Rend aux humains l'amour que les dieux ont pour elle.
De toutes les vertus zélé persécuteur,
La paix est sur son front, la guerre est dans son cœur ;
Avec horreur le ciel et le voit et l'écoute.
    Mais détourne la vue, et vois, par cette route,
Sur ce même rocher gravir ce courtisan,
Au palais d'un vizir caméléon changeant,
Qui, rampant à la cour, dédaigneux à la ville,
Perfide à ses amis, à l'état inutile,
Et fier du joug des rois qu'il porte avec orgueil,
Attend à leur lever son bonheur d'un coup d'œil.
    Que le bonheur souvent est loin du rang suprême !
Vois ce roi sans son faste, et seul avec lui-même
Le Remords inquiet l'effraie et le poursuit,

S’enferme en ses rideaux, et le ronge en son lit.
Cependant, jusqu’au pied de la roche fatale,
Où gronde le tonnerre où la Fortune étale
Ces titres, ces honneurs si chers aux préjugés,
Tous les ambitieux s’étaient déjà rangés,
Prêts à l’escalader ils s’avancent en foule.
La terre sous leurs pas mugit, tremble, s’écroule :
L’un échappe au danger, et gravit sur les monts ;
L’autre tombe englouti sous des gouffres profonds.
Je vois briller l’acier dans ces mains meurtrières ;
Les Séjans orgueilleux frappés par les Tibères ;
Les Aarons à leurs pieds renverser les Dathans,
Les Bajazets tomber aux fers des Tamerlans.
Dans mon cœur détrompé tout portait l’épouvante,
L’effroi glaçait mes sens, quand de sa main puissante
L’inconstante déesse, un bandeau sur les yeux,
Saisissant au hasard un de ces orgueilleux,
Elle-même le place au plus haut de son trône.
C’est là que sous le dais l’ambitieux s’étonne,
Se plaint d’être à ce terme où son cœur doit sentir
Le malheur imprévu d’exister sans désir.
Eh quoi ! dit-il, frappé de terreurs légitimes,
Consumé de remords allumés par mes crimes,
Entouré d’ennemis prêts à me déchirer,
J’aurai donc tout à perdre, et rien à désirer !

Oui ces ambitieux à qui l'on rend hommage,
Sages aux yeux du fou, sont fous aux yeux du sage.
Il vous dira qu'un grand n'est rien sans la vertu ;
Que, de quelque splendeur qu'un Dieu l'ait revêtu,
Il n'est à ses regards qu'un léger météore
Qui brille de l'éclat du feu qui le dévore.
Grand, accablé d'ennuis, affaissé sous leur poids,
Tu souffres chaque instant les maux que tu prévois.
Je fuis de tes tourments le spectacle funeste.
Sagesse, arrache-moi d'un lieu que je déteste.
La terre s'ouvre alors, la mer monte et mugit,
L'Ambition s'envole, et le mont s'engloutit.

Le bonheur

Chant deuxième

Argument

Les richesses sont moins des biens réels que le moyen d'en acquérir ; les rechercher pour elles-mêmes c'est n'en pas connaître l'usage. Le riche ignorant éprouve l'ennui, le mépris des hommes à talents, des savants, Il ne faut point de connaissances dans une fortune bornée ; la nature indique les jouissances. Il faut des lumières pour jouir d'une grande fortune, qui ne serait qu'à charge si elle ne donnait de nouveaux goûts. Recherchez donc le commerce des philosophes et des savants ; apprenez à penser avec eux en vous défiant de leurs systèmes. Les stoïciens ont placé le bonheur dans le calme d'une âme impassible ; état chimérique dont l'orgueil veut persuader l'existence sans en être persuadé lui-même.

Le bonheur

Chant deuxième

Si l'amour, ses plaisirs, le pouvoir, la grandeur,
N'ouvrent point aux mortels le temple du Bonheur,
Faudra-t-il le chercher au sein de la richesse ?
On ne l'y trouve point, répliqua la Sagesse.
La richesse n'est rien : ses stériles métaux
N'enferment en leur sein ni les biens ni les maux.
L'or a sans doute un prix qu'il doit à son usage :
Échange du plaisir entre les mains du sage,
Dans celles de l'avare il l'est du repentir.
Sans attrait pour les arts, de quoi peut-il jouir ?
Non, ce n'est pas pour lui que Bouchardon enfante,
Que Rameau prend la lyre, et que Voltaire chante,
Qu'Uranie a tracé le plan des vastes cieux ;
Que, sur son roc, encore aride et nébuleux,
Fontenelle répand les fleurs et la lumière,
Et qu'au pied d'un ormeau, le front orné de lierre,
Il instruit les bergers à chanter leur plaisir.
    L'opulent, accablé du poids de son loisir,
Aux dégoûts, à l'ennui conduit par l'ignorance,

Cherche en vain le bonheur au sein de l'abondance.
Empressé de jouir, il ne jouit jamais
Que du plaisir grossier des besoins satisfaits.
Son imbécillité croît avec sa richesse.
Ne t'en étonne point, ajouta la Sagesse ;
Vil jouet des objets dont il est entouré,
Tout homme à l'ignorance en naissant est livré.
Du don de la pensée a-t-il fait peu d'usage ?
Dans son orgueil jaloux s'éloigne-t-il du sage ?
À la caducité parvenu sans talent,
Son corps est d'un vieillard, son esprit d'un enfant.
Rien ne chasse l'ennui de son âme inquiète.
Sous ses lambris dorés que fait-il ? Il végète.
De quelque éclat, mon fils, dont l'or frappe les yeux,
Son possesseur avide est rarement heureux.
Il a peu de vertus. Fastueux, souple et traître,
Tyran avec l'esclave, esclave avec le maître ;
Comme l'ambitieux, jaloux de ses rivaux,
Sans avoir ses talents le riche a ses défauts.
L'un paraît à nos yeux toujours près de sa chute :
L'autre est aux coups du sort peut-être moins en butte ;
Mais, aux fameux revers s'il est moins exposé,
Plus envié du peuple, il est plus méprisé.
Les dangers que l'on brave ennoblissent les crimes.
Tous les ambitieux passent pour magnanimes.

Plus criminels sans doute, ils sont moins odieux ;
La Fortune en un jour les perd, nous venge d'eux ;
Ce sort qui les attend les dérobe à la haine.
Mais quelle est du mortel l'âme libre et hautaine
Qui ne voit les grandeurs que d'un œil de mépris ?
Plus le péril est grand, plus, pour un si haut prix,
Chacun, portant en soi la semence du crime,
L'excuse dans un autre, et trop souvent l'estime.
Le bonheur n'est donc pas dans des biens superflus
Relégué par le ciel au palais de Plutus.
Où le chercher ? disais-je ; est-ce auprès de ces sages
Dont le nom est encor respecté par les âges ?
La Sagesse me dit : On a vu des mortels,
Jaloux de s'ériger eux-mêmes des autels,
Oser d'un Dieu moteur pénétrer le mystère ;
Mais ces sages, mon fils, que l'univers révère,
N'ont été bien souvent que d'adroits imposteurs.
Trop admirés du monde, ils l'ont rempli d'erreurs,
Et fait, dans l'espoir vain d'expliquer la Nature,
Sous le nom de Sagesse adorer l'Imposture.
Un Perse le premier se dit ami des dieux,
Ravisseur de la flamme et des secrets des cieux ;
Le premier en Asie il assemble des mages,
Enseigne follement la science des sages.
Il peint l'abîme obscur, berceau des éléments,

Le feu, secret auteur de tous leurs mouvements.
Le grand Dieu, disait-il, sur son aile rapide,
Fendait avant les temps la vaste mer du vide :
Une fleur y flottait de toute éternité ;
Dieu l'aperçoit, en fait une divinité ;
Elle a pour nom Brama, la bonté pour essence ;
Ce superbe univers est fils de sa puissance ;
Par lui le mouvement, succédant au repos,
Du pavillon des cieux a couronné les eaux.
Du sédiment des mers le Dieu pétrit la terre ;
Les nuages épais, ces foyers du tonnerre,
Sont par le choc des vents enflammés dans les airs.
Le brûlant équateur ceint le vaste univers.
Brama du premier jour ouvre enfin la barrière ;
Les soleils allumés commencent leur carrière,
Donnent aux vastes cieux leur forme et leurs couleurs,
Aux forêts leur verdure, aux campagnes leurs fleurs.
Ami du merveilleux, faible, ignorant, crédule,
Le mage crut longtemps ce conte ridicule ;
Et Zoroastre ainsi, par l'orgueil inspiré,
Égara tout un peuple, après s'être égaré.
Ce fut en ce moment que le dieu du Système
Sur son front orgueilleux ceignit le diadème.
Voilé d'une orgueilleuse et sainte obscurité,
Moins il fut entendu, plus il fut respecté.

Mais de la Perse enfin chassé par la Mollesse,
Il traverse les mers, s'établit dans la Grèce.
Il connaît, il a vu la cause en ses effets ;
Et la terre et les cieux sont pour lui sans secrets.
Hésiode prétend que sur l'abîme immense
Régnaient le sombre Érebe et l'éternel silence,
Alors que dans les flancs du Chaos ténébreux
L'Amour fut engendré pour commander aux Dieux.
Déjà l'antique nuit qui couvre l'empyrée
Est par les feux du jour ta moitié dévorée.
L'Amour né, tout s'anime, et s'arrache au repos ;
Le ciel étincelant se courbe autour des eaux ;
Thétis creuse le lit des ondes rougissantes ;
Et Titée, au-dessus des vagues écumantes,
Lève un superbe front couronné par les airs.
L'ordre, né du chaos, embellit l'univers.
Ainsi, dans des esprits admirateurs d'eux-mêmes,
L'orgueil de tout connaître enfante des systèmes ;
Ainsi les nations, jouets des imposteurs ;
Se disputant encor sur le choix des erreurs,
Aux plus folles souvent rendent le plus d'hommages ;
Ainsi notre univers, par de prétendus sages,
Tant de fois tour à tour détruit, édifié,
Ne fut jamais qu'un temple à l'erreur dédié.
Hélas ! si du savoir les bornes sont prescrites,

Si l'esprit est fini, l'orgueil est sans limites.
C'est par l'orgueil jadis que Platon emporté
Crut que rien n'échappait à sa sagacité.
Du pouvoir de penser dépouillant la matière,
Notre âme, enseignait-il, n'est point une lumière
Qui naisse, s'affaiblisse, et croisse avec le corps ;
Substance inétendue, elle en meut les ressorts ;
Esprit indivisible, elle est donc immortelle.
L'âme fut tour à tour une vive étincelle,
Un atome subtil, un souffle aérien ;
Chacun en discourut, mais aucun n'en sut rien.
    Ce n'était point assez ; et l'homme, en son audace,
Après avoir franchi les déserts de l'espace,
De l'âme, par degrés, s'éleva jusqu'à Dieu.
Dieu remplit l'univers, et n'est en aucun lieu ;
Rien n'est Dieu, nous dit-il, mais il est chaque chose.
Puis en longs arguments il discute, il propose ;
Il forme enfin son dieu d'un mélange confus
D'attributs différents, de contraires vertus.
Trop souvent ébloui par sa fausse éloquence,
Cachant sous de grands mots sa superbe ignorance.
Il se trompe lui-même, et, sourd à sa raison,
Croit donner une idée, et ne forme qu'un son.
Dans les sentiers obscurs d'une science vaine
Fallait-il perdre un temps que la raison humaine,

Aux premiers jours du monde, aurait employé mieux
À rechercher le vrai qu'à se créer des dieux ?
Folle en un esprit faux, éclairée en un sage,
Locke, qu'elle anima, nous en montre l'usage.
Choisissons-le pour maître, et qu'en nos premiers ans
Il guide jusqu'au vrai nos pas encor tremblants.
Locke n'atteignit point au bout de la carrière,
Mais sa prudente main en ouvrit la barrière.
Pour mieux connaître l'homme il le prend au berceau,
Il le suit de l'enfance aux portes du tombeau,
Observe son esprit, voit comment la pensée
Par tous nos sens divers est dans l'âme tracée,
Et combien des savants les dogmes imposteurs.
Combien l'abus des mots, ont enfanté d'erreurs.
D'un bras il abaissa l'orgueil du platonisme,
De l'autre il limita les champs du pyrrhonisme,
Nous découvrit enfin le chemin écarté
Et le parvis du temple où luit la Vérité.
Pénétrons avec lui sous sa voûte sacrée.
Mais quels monstres nombreux en défendent l'entrée !
La Paresse, épanchant le suc de ses pavots,
Engourdit les esprits d'un stupide repos ;
Le Système, entouré d'éclairs et de nuages,
En les éblouissant en écarte les sages ;
L'odieux Despotisme, entouré de gibets,

Commande à la Terreur d'en défendre l'accès ;
La Superstition, du fond d'une cellule,
En chasse en l'effrayant l'esprit faible et crédule ;
Par ses cris douloureux le Besoin menaçant
Sur la porte du temple arrête l'indigent ;
L'opiniâtre Erreur le cache à la vieillesse,
Et l'Amour en défend l'entrée à la jeunesse ;
Mais il s'ouvre aux mortels qui, d'un pied dédaigneux,
Foulant les vains plaisirs, les préjugés honteux,
Attendent leurs succès de leur persévérance,
Et font devant leurs pas marcher l'Expérience.
Elle les a conduits jusqu'à la Vérité ;
Les conduit-elle encore à la Félicité ?
    D'un astre impérieux la puissance ennemie,
Ou sème de douleurs le cours de notre vie,
Ou du moins y répand plus de maux que de biens.
Si je veux être heureux, et jamais n'y parviens,
Si je ne puis jouir que de l'espoir de l'être,
Infortunés mortels, je ne sais, mais peut-être
Le bonheur n'est pour vous que l'absence des maux.
    Sans doute qu'endormi dans un parfait repos
Le sage, inaccessible à l'amour, à la haine,
Riche dans l'indigence, et libre sous la chaîne,
Porte indifféremment la couronne ou les fers.
Sous l'égide stoïque, à l'abri des revers,

Ce mortel doit jouir d'un calme inaltérable
Que l'univers s'écroule, il reste inébranlable.
  Apprends, dit la Sagesse, à le connaître mieux :
Qui feint d'être insensible est toujours orgueilleux.
Comment peux-tu, trompé par son dehors austère,
Prendre pour sage un fou, superbe atrabilaire,
Qui, sensible aux plaisirs, les fuit pour éviter
Le danger de les perdre et de les regretter ;
Qui recherche partout la douleur et l'injure
Comme les seuls creusets où la vertu s'épure ;
Qui, toujours préparé contre un mal à venir,
Se façonne à l'opprobre, et s'exerce à souffrir ;
Foule aux pieds la richesse, et, bravant la misère,
Se dévoue aux rigueurs de son destin contraire ?
Livrant aux passions de stériles combats,
Vois ces fous insulter aux plaisirs qu'ils n'ont pas,
S'enivrer des vapeurs de leur faux héroïsme ;
Apôtres et martyrs d'un morne zénonisme,
Préférer sottement la douleur au plaisir,
Et l'orgueil d'en médire au bonheur d'en jouir.
  Mais, par leurs vains discours, comment donc, ô Sagesse,
Ont-ils pu si longtemps tromper Rome et la Grèce ?
Ton esprit, reprit-elle, en est-il étonné ?
Chez des peuples altiers le stoïcisme est né.
Comme un être impassible il leur peignit son sage ;

Il portait sur son front le masque du courage ;
Son maintien est farouche, austère, impérieux
Hélas ! en faut-il tant pour fasciner les yeux ?
Vois pousser à l'excès sa feinte indifférence ;
Vois comme en tous les temps, séduit par l'apparence,
Et du joug de l'Erreur tardif à s'échapper,
L'imbécile univers est facile à tromper.
    À ces mots je me trouve en une place immense
Qu'un peuple curieux remplit de sa présence,
Là s'élève un bûcher où, la torche à la main,
Un fier mortel s'assied avec un front serein.
    Sur ce bûcher funèbre où ton œil me contemple,
Peuple, s'écriait-il, apprends par mon exemple
Qu'un sage, en tout état, égal en tout aux dieux,
Est calme, indépendant, impassible comme eux ;
Bien ne peut l'émouvoir : la dévorante flamme
Qui pénètre son corps n'atteint point à son âme ;
La crainte, qui subjugue un coursier indompté,
Qui couche l'ours aux pieds de son maître irrité,
Et courbe un peuple entier au joug de l'esclavage,
Peut tout sur la nature, et rien sur mon courage.
    Il dit ; à son bûcher lui-même il met le feu.
La foule épouvantée en lui croit voir un dieu ;
Elle avance, se presse, elle s'écrie, admire.
Quelle est donc, reprend-il, la terreur que j'inspire ?

Que pourrait la douleur contre ma fermeté ?
    Malgré moi j'admirais son intrépidité ;
Son courage féroce étonnait ma faiblesse,
Alors que du bûcher la puissante Sagesse,
Écartant cette foule, apaise la clameur.
Le stoïque le voit, il en frémit d'horreur.
À ce coup imprévu sa constance s'étonne ;
Il pousse un cri plaintif, sa force l'abandonne
Son orgueil l'a laissé seul avec la douleur ;
Et le dieu disparaît avec l'admirateur.
Égaré, dis-je alors, en ma route incertaine,
J'ai cherché le bonheur, et ma poursuite est vaine.
Sans doute aux passions je devais résister,
Télémaque, ou Mentor, les fuir ou les donner.
Non, je n'écoute plus leur trompeuse promesse.
Quel est ce faux bonheur promis dans leur ivresse ?
Quelques plaisirs semés dans d'immenses déserts.
Sur leur illusion mes yeux se sont ouverts.
Le transport d'un instant n'est pas le bien suprême.
Quels seraient ces faux biens qu'on poursuit et qu'on aime
S'ils étaient mieux connus, s'ils étaient comparés
Au trouble, aux noirs soucis dont ils sont entourés ?
C'est l'éclair allumé dans le flanc des orages,
Qui d'un jour fugitif sillonne les nuages,
Et dont l'éclat subit répandu dans les cieux

Paraît d'autant plus vif qu'ils sont plus ténébreux.
Sous un ciel éclairé d'une égale lumière
L'heureux doit commencer et finir sa carrière.
Ce bonheur, ô mortels, que nous recherchons tous,
N'est que l'enchaînement des instants les plus doux,
Qui pourra me l'offrir ? Ô divine Sagesse,
Sur les lieux qu'il habite éclairez ma jeunesse,
Nos plaisirs orageux entraînent mille maux.
Le bonheur serait-il un stupide repos ?

Le bonheur

Chant troisième

Argument

L'homme le plus heureux est celui qui rend son bonheur le moins dépendant des autres, et en même temps celui qui possède plusieurs goûts auxquels il commande : c'est l'homme qui aime l'étude et les sciences. Il est à la fois plus indépendant et plus éclairé. Il est des plaisirs vifs que donne la philosophie, soit celle qui étudie la nature, soit celle qui étudie l'homme. Le philosophe jouit, même en se trompant. Il aime l'histoire qui sert l'étude expérimentale de l'homme. Il ne renonce point aux plaisirs des sens, mais il les maîtrise. La poésie, la musique, la peinture, la sculpture, l'architecture, sont pour lui de nouvelles sources de plaisirs.

Le bonheur

Chant troisième

Au faîte des grandeurs, au sein de la richesse,
Qui peut tourmenter l'homme et l'agiter sans cesse ?
Quel serpent sous les fleurs se glisse près de lui ?
Ce monstre à l'œil glacé, dit mon guide, est l'Ennui.
Du venin qu'il répand la maligne influence
Jusques dans son palais dévore l'opulence ;
Dans les bras du plaisir, dans le sein des amours,
Son souffle empoisonné ternit les plus beaux jours.
Quel remède à ce mal ? sans doute c'est l'étude,
Plaisir toujours nouveau, qu'augmente l'habitude.
Aux charmes qu'elle t'offre abandonne ton cœur ;
En elle reconnais la source du bonheur ;
En elle viens puiser ce plaisir dont l'usage
Convient à tout état, en tous lieux, à tout âge ;
Plaisir vrai dont le sage a la semence en lui.
Malheur à l'insensé qui, l'attendant d'autrui,
Et qui de la fortune ignorant le caprice,
De son bonheur sur elle a fondé l'édifice ;
L'a mis dans les grandeurs, dans le faste et les biens !

Pour rivaux il aura tous ses concitoyens.
Vers des monts escarpés à ces mots elle avance.
Sur leur cime je vois le Doute, le Silence,
La Méditation à l'œil perçant et vif,
La sage Expérience au regard attentif :
Ensemble ils assuraient par des travaux immenses
Les nouveaux fondements du palais des sciences
Ils y portaient déjà le jour des vérités.
Ces monts par des mortels seraient-ils habités ?
Que vois-je à leur sommet ? Des sages, reprit-elle.
Ils s'abreuvent ici d'une joie immortelle ;
À leur puissante voix la nature obéit ;
Son voile est transparent à l'œil de leur esprit ;
D'un pas ils ont franchi la borne qui sépare
Le vrai le plus commun d'un vrai fin et plus rare ;
Dans les secrets du ciel leurs yeux ont su percer ;
Des effets à leur cause ardente à s'élancer
Leur raison a détruit le règne des prestiges ;
À leurs sages regards il n'est plus de prodiges ;
Semblables à des dieux, ils ont pesé les airs,
Mesuré leur hauteur, ceintré notre univers,
À d'uniformes lois asservi la nature.
Dans la variété qui forme sa parure,
Dans l'abîme des eaux, sur les monts, dans les cieux,
Que de secrets profonds ne s'offrent qu'à leurs yeux !

L'un examine ici quelles forces puissantes
Suspendent dans l'éther ces étoiles errantes ;
Comment, en débrouillant l'immobile chaos,
L'attraction rompit les chaînes du repos.
Cet autre a rallumé les flambeaux de la vie ;
De la rapide mort la course est ralentie ;
L'art émousse déjà le tranchant de sa faux,
Et le temps est plus lent à creuser les tombeaux.
Plus loin, reconnais-tu ces âmes courageuses
Qui fendirent du nord les ondes paresseuses,
Ces flots qui, soulevés et durcis par les vents,
Surnagent sur les mers en rochers transparents.
Dans ces tristes climats où leur gloire se fonde,
Sur un axe plus court ils suspendent le monde.
Que leurs vastes travaux étonnent mon esprit !
Je sens qu'à leur aspect mon âme s'agrandit.
Ici je pourrai donc épier la nature,
Percer de ses secrets la profondeur obscure !
Je pourrai donc enfin rencontrer le bonheur !
N'eussé-je qu'un seul goût, il suffit à mon cœur.
Un doute cependant me saisit et m'accable :
L'erreur est de nos maux la source inépuisable ;
Elle s'ouvre un accès dans le plus grand esprit :
C'est l'onde qui partout et filtre et s'introduit.
On la vit autrefois, chez les Romains, en Grèce,

Subjuguer dans Zénon, et charmer dans Lucrèce.
Le plus sage est trompé. Souvent la vanité
Doit mêler des ennuis à sa félicité.
Mais Descartes m'entend. J'ai, me dit-il, moi-même
Marché les yeux couverts du bandeau du système,
Remplacé par l'erreur les erreurs d'un ancien,
Bâti mon univers sur les débris du sien.
Dois-je m'en affliger ? J'errai, mais comme un sage ;
Et j'ai du moins marqué l'écueil par mon naufrage.
Il faut, dit Malebranche, en faire ici l'aveu ;
L'on ne vit rien en moi quand je vis tout en Dieu.
Si je n'étincelai que de fausses lumières,
Et si Locke a flétri mes lauriers éphémères,
Instruit par mes erreurs, il m'a pu devancer ;
C'est par l'erreur qu'au vrai l'homme peut s'avancer.
Si je me suis trompé, si ma raison esclave
Des préjugés du temps ne put briser l'entrave,
Pardonne, ô Vérité ; quand j'en reçus la loi,
Je ne t'offensais pas, je les prenais pour toi.
Il dit ; et j'aperçois plusieurs d'entre les sages
Qui mêlent en riant sous des épais feuillages
Les voluptés des sens aux plaisirs de l'esprit.
Quel est sous ces berceaux le dieu qui les conduit ?
L'Amour a-t-il quitté les bosquets d'Idalie
Pour les arides monts où se plaît Uranie ?

Les sages voudraient-ils se bannir de ces lieux ?
Non ; mais, dit la Sagesse, ils sont dans l'âge heureux
Où le dieu de l'amour les brûle de ses flammes :
Doivent-ils, chastes fous, les éteindre en leurs âmes ?
Ma main entrelaça dans le sacré vallon
Le myrte de Vénus au laurier d'Apollon.
L'Amour est un des dieux à qui je rends hommage :
C'est le tyran d'un fou, mais l'esclave d'un sage ;
Il donne à l'un des fers, à l'autre des plaisirs.
Ici, des sens, du cœur maîtrisant les désirs,
L'heureux Anacréon, guidé par la Sagesse,
Des roses du plaisir colore sa maîtresse,
Dévoile ses beautés, et célèbre l'Amour.
Chantre voluptueux, il règne en ce séjour.
« Jouissez des beaux jours que le printemps fait naître :
« La fleur à peine éclose est prête à disparaître.
« En vos cœurs noirs dit-il, que l'heureux souvenir
« D'un plaisir qui s'éteint y rallume un désir.
« Causez avec Zénon, dansez avec les Grâces.
« Puisse l'Amour folâtre, empressé sur vos traces,
« De son ivresse en nous prolonger les instants !
« Voyez ce papillon, au retour du printemps,
« Comme il voltige autour d'une rose nouvelle,
« Se balance dans l'air, suspendu sur son aile,
« Contemple quelque temps sa forme et ses couleurs,

« Et vole sur son sein pour ravir ses faveurs.
« Ainsi, lorsque l'aurore, éclairant l'hémisphère,
« Vient rendre à la beauté le don heureux de plaire,
« Ce papillon c'est moi ; la rose c'est Doris.
« Admirant de son sein l'incarnat et les lis,
« Mon avide regard contemple avec ivresse
« Son beau corps arrondi des mains de la mollesse.
« Ne puis-je du désir modérer les fureurs ?
« Je vole entre ses bras, et ravis ses faveurs.
« Dans l'excès du plaisir nos âmes semblent croître,
« S'unir, se pénétrer, et ne former qu'un être.
« Mourons et renaissons sur l'autel des amours. »
Peux-tu, dis-je, ô Sagesse, écouter ce discours ?
Des fausses voluptés tel serait le langage.
Non, ce n'est point ici la demeure du sage ;
Et le remords toujours mêle dans notre sein
Au nectar du plaisir le poison du chagrin.
L'Ennui, qui dans tous lieux poursuit le Sybarite,
N'entre point, reprit-elle, au séjour que j'habite ;
Et, quand la jouissance attiédit ses désirs,
Le sage en d'autres lieux cherche d'autres plaisirs.
Apprends de moi qu'un goût, alors qu'il est unique,
Se change en passion, et devient tyrannique ;
Que la variété rend vif ni plaisir doux,
Un homme a-t-il en soi rassemblé plusieurs goûts ?

S'il en perd un, sa perte est pour lui moins sensible.
    En achevant ces mots, un pouvoir invincible
M'a déjà transporté près d'un vaste palais.
Ses abords sont couverts par un nuage épais ;
L'on n'aperçoit au loin que ruines antiques ;
Des débris entassés en forment les portiques ;
Et ce palais, fameux par son antiquité,
Est bâti par la Fable et par la Vérité.
Là, les crayons en main, la muse de l'histoire
Éternise des morts ou la honte ou la gloire.
Le sage la consulte, et, d'un œil curieux,
Voit comment l'amour-propre, en tous temps, en tous lieux,
Père unique et commun des vertus et des crimes,
Creusa de nos malheurs et combla les abîmes ;
Forma des citoyens, les soumit à des rois,
Fit, rompit, resserra le nœud sacré des lois ;
Éteignit, ralluma les flambeaux de la guerre,
Et mut diversement tous les fils de la terre.
Des antiques Romains l'autre observant les mœurs,
Et leur férocité, germe de leurs grandeurs,
Voit chez eux aux vertus succéder la richesse ;
Voit ce peuple vainqueur vaincu par la mollesse ;
Et son trône, construit du trône de cent rois,
S'écrouler tout à coup affaissé sous son poids.
Quelques-uns, moins amis d'une étude profonde,

Parcouraient d'un coup d'œil tous les siècles du monde,
Qui, semblables aux flots l'un sur l'autre roulants,
Paraissaient s'abîmer dans le gouffre du temps,
Et, dans leur cours rapide, entraîner et détruire
Les arts, les lois, les mœurs, les rois et leur empire,
Hélas ! disait l'un d'eux, tout passe et se détruit ;
Hâtons-nous de jouir, tout nous en avertit,
Homme insensé, pourquoi, si les mains éternelles
Aux siècles comme aux jours ont attaché des ailes,
Pourquoi fuir les plaisirs, t'épuiser en projets,
Et poursuivre des biens que tu n'atteins jamais ?
    Que mon âme, lui dis-je, est surprise et ravie !
S'il est beau d'observer sur les monts d'Uranie
Les ressorts employés pour mouvoir l'univers,
De nombrer les soleils suspendus dans les airs,
De voir, de calculer quelle force les guide,
Les fait flotter épars dans l'océan du vide ;
Comment, des vastes cieux peuplant la profondeur,
Tant d'astres différents de forme et de grandeur,
Jetés comme au hasard dans cet espace immense,
Par la loi de Newton s'y tiennent en balance ;
Est-il moins beau de voir quels ressorts éternels
Et quel agent commun meuvent tous les mortels ;
De dévoiler des temps l'obscurité profonde ;
D'observer l'amour-propre aux premiers temps du monde ;

De le voir en nos cœurs créer les passions,
Éclairer les humains, former des nations ;
Contre l'outrage ici déchaîner la vengeance ;
Là contre l'assassin cuirasser la prudence,
Et forger de sa main la balance des lois,
La chaîne de l'esclave, et le sceptre des rois ;
De voir les nations tour à tour sur la terre
S'illustrer par leurs lois, par les arts, par la guerre ;
D'examiner les mœurs dans chaque état naissant,
De prévoir sa grandeur ou son abaissement ;
D'en découvrir la cause encore imperceptible ;
Et, d'un œil prophétique à qui tout est visible,
De se rendre présents les siècles à venir ?
    Qu'en ces lieux, ô Clio, tu m'offres de plaisir !
Non, jamais sur ces monts la céleste Uranie
À de plus grands objets n'éleva mon génie.
Sagesse, en ce moment je suis deux fois heureux :
J'unis deux goûts divers. Cependant à mes yeux
Le temple du bonheur ne s'offre point encore.
Sans doute un dieu l'habite. Est-ce en vain qu'on l'implore ?
De ma félicité le ciel est-il jaloux ?
    Pourquoi le serait-il ? Créé pour tous les goûts,
Non, tu n'es point heureux autant que tu peux l'être ;
Chaque instant, ô mon fils, ton bonheur peut s'accroître :
Viens, il te reste encor des plaisirs à sentir ;

La carrière des arts à tes yeux va s'ouvrir.
　　Je me trouve à ces mots au milieu d'une plaine.
Dans un cercle argenté que forme l'Hippocrène
Est un bois de palmiers qui se voûte en berceaux,
Et dont l'art bienfaiteur a tissé les rameaux.
De leurs fronts reverdis descend un frais ombrage ;
Mille festons de fleurs suspendus au feuillage
Y parfument au loin les haleines des vents.
Quelles mains ont créé ces palais du printemps ?
Pour qui tous ces autels ? quelle est cette déesse ?
　　L'Imagination, répliqua la Sagesse,
Qui peut rouvrir encore les gouffres du chaos,
Et produire à son gré cent univers nouveaux.
Son œil perce au-delà du monde qu'elle embrasse ;
Elle franchit d'un saut et le temps et l'espace.
C'est elle qui courba tous les cercles des cieux,
Qui bâtit l'empyrée, et créa tous les dieux ;
Qui, perçant par l'Etna jusqu'au séjour des âmes,
Y creusa le Tartare, en alluma les flammes ;
Puis, de là remontant à la clarté du jour,
Danse avec les sylvains, folâtre avec l'Amour ;
Au retour du printemps chante Zéphyre et Flore,
Et les prés émaillés des perles de l'Aurore.
　　Ici, le Jugement, à ses côtés assis,
La dompte, la dirige en ses efforts hardis :

Aux œuvres du génie avec elle il préside.
Dans ces divers bosquets où le Destin te guide
J'ai rassemblé les arts : chacun a ses autels.
Et quels sont, dis-je alors, ces fortunés mortels
Qui, dans l'art de Linus instruits par Polymnie,
Par leurs sublimes chants ont fait taire l'envie ?
Ceux dont les vers hardis, mais toujours pleins de sens,
Ont subi, soutenu, les épreuves du temps.
Tu vois Lucrèce, ici, peindre aux regards du sage
Le vrai le plus abstrait sous la plus vive image ;
Milton d'un feu solide enfermer les enfers,
Ceintrer le pont qui joint l'Érèbe à l'univers ;
Les Priors, les Boileaux, les Popes, les Horaces,
Ceindre la Vérité de l'écharpe des Grâces ;
Le hardi Crébillon évoquer la terreur,
Et prêter dans ses vers des charmes à l'horreur.
Non loin Perse est assis : Enfants du seul génie,
Que mes vers, disait-il, plaisent sans harmonie.
Je n'imiterai point ces rimeurs sans talents
Qui, prodigues de sons, mais avares de sens,
D'un déluge de mots sans verve et sans idées
Inondent le papier en phrases débordées ;
Et je n'allierai point, imbécile orateur,
L'or pur des vérités au plomb vil de l'erreur.
Semblable au dieu brillant qui verse la lumière,

Qui paraît ? C'est celui dont la voix la première
Fit entendre aux Français les fiers accents de Mars.
Né pour tous les plaisirs, il chanta tous les arts.
Sa main cueille à la fois le laurier et la rose,
Peint les travaux d'Henri, les charmes de Monrose,
Les fureurs des Cléments, les malheurs de Valois,
Le monde par Newton soumis à d'autres lois,
Le rayon que Denys enfourchait pour monture,
Et le prisme où notre œil en sonde la nature.
Tel on voit dans un lac à la fois dessiné
L'objet le plus prochain et le plus éloigné,
Le coteau qui l'enceint, la forêt qui l'ombrage,
L'herbe, le jonc, la fleur, qui borde son rivage,
Et l'astre étincelant qui traverse les cieux.

J'entends l'air retentir de sons harmonieux :
Je reconnus Quinault. L'Amour montait sa lyre.
Du dieu qui l'inspirait il étendait l'empire,
Et dressait ses autels dans ces palais changeants,
Travaux de tous les arts, plaisirs de tous les sens.

Plus loin est l'atelier où l'heureuse peinture
Toujours en l'imitant embellit la nature.
Mille groupes divers, chefs-d'œuvre de son art,
Du spectateur surpris arrêtent le regard :
Il a cru voir des corps. Sa main impatiente
Touche, veut s'assurer si la toile est vivante ;

Et son esprit, encore incertain, curieux,
Doute qui l'a trompé du toucher ou des yeux.
Dans ce tableau hardi je vois les mers émues
S'élancer, se heurter, et retomber des nues.
Par un nuage noir les cieux au loin couverts
Ne sont plus éclairés que du feu des éclairs.
L'un peint le fier Renaud enchaîné par Armide ;
L'autre a ceint d'un serpent le front d'une Euménide.
Plus loin je vois le Temps qui, vengeur des héros,
Traîne, étouffe l'Envie aux pieds de leurs tombeaux,
    Là, du sein entrouvert d'une vague écumante
Vénus sort, et paraît sur l'onde mugissante.
L'Amour naît avec elle, et par elle est armé,
Du feu de ses regards le monde est animé.
Déjà Pan sur ses monts a saisi l'oréade,
Neptune a sous les eaux entraîné la naïade,
Ixion dans sa nue a poursuivi Junon,
Proserpine aux Enfers s'abîme avec Pluton.
    Qu'en ces lieux, dis-je alors, j'aime à voir la peinture
Donner des corps aux dieux, une âme à la nature,
Des gouffres de l'oubli retirer les héros,
Et par ce noble espoir en former de nouveaux !
Que de plaisirs divers un seul goût fait éclore !
    Du temple du bonheur si je suis loin encore,
Du moins, à chaque pas que je fais en ces lieux,

Je me sens à la fois plus sage et plus heureux.
Je dis ; et j'éprouvais une joie inconnue,
Quand la Sagesse offrit un héros à ma vue.
Que vois-je ? un prince ici !... C'est un roi glorieux
Qui, protecteur des arts et célébré par eux,
Releva leurs autels qu'avait fondés la Grèce.
Dieux ! qu'il eût été grand, ajouta la Sagesse,
Si, Socrate au conseil comme Alcide aux combats,
L'ardeur de conquérir n'eût point armé son bras !
De César trop longtemps s'il suivit les vestiges,
Son siècle fut du moins le siècle des prodiges,
Quand Louis, par les arts se laissant enchanter,
Embellit l'univers, las de l'épouvanter.
Admire auprès de lui ceux qui durant sa vie
Ont par d'heureux travaux illustré leur patrie.
Quand le goût des beaux arts germera dans ton cœur,
De cent plaisirs nouveaux vois croître ton bonheur.
Déjà l'Architecture en main prend son équerre ;
Elle a levé ses plans. Là, du sein de la terre,
Tu vois ces longs leviers au même axe attachés
Tirer en gémissant ces informes rochers.
Sous les coups du ciseau le marbre se façonne.
Perrault courbe la voûte, arrondit la colonne,
Élève, assemble, unit, et présente aux regards
Un palais, le chef d'œuvre et l'asile des arts.

Vois le Nôtre ceintrer ces salons de verdure,
Des palais du printemps varier la parure ;
Vois les tilleuls en boule et les ifs arrondis ;
Cybèle sous tes pas déployer ses tapis ;
Cent pompes à la fois puiser dans les campagnes
Ce fleuve impétueux porté sur les montagnes,
D'où, se précipitant par de larges canaux,
L'onde roule en cascade, ou s'élève en jets d'eaux.
Muses, que cette enceinte est par vous embellie
Le Pujet y reçoit le ciseau du génie.
Vois dans son atelier le rocher transformé,
Sous les coups du marteau par degrés animé,
Tout à coup disparaître, et n'offrir à la vue
Qu'Adonis expirant, ou Didon éperdue.
Que de tableaux divers ont frappé mes regards !
Chastes filles du ciel qui présidez aux arts,
Muses, quel feu nouveau me pénètre et m'enflamme !
Je sens que tous les goûts sont entrés dans mon âme :
Si j'en crois le transport qui fait battre mon cœur,
Vos mains m'ouvrent enfin le palais du bonheur.
Les goûts que tu fais naître, Ô sublime Sagesse,
Comme les passions, ont aussi leur ivresse :
Je sens qu'à ses plaisirs l'homme encore, en ces lieux,
Joint le plaisir nouveau de se sentir heureux.
En achevant ces mots, sur les pas de mon guide,

Entraîné tout à coup d'une course rapide,
Dans un séjour riant je me vois transporté,
Et me trouve au palais de la Félicité.
Les Arts et les Plaisirs environnaient son trône ;
Apollon et l'Amour soutenaient sa couronne,
Le calme de son âme était peint dans ses yeux ;
Et la joie y brillait toujours des mêmes feux.
Le Temps, me dit alors la divine Sagesse,
Dont parmi les humains la joie ou la tristesse
Tour à tour précipite ou ralentit le cours,
Par des plaisirs égaux mesure ici les jours.
Et moi, du vrai bonheur la source intarissable,
Qu'à la Félicité le destin immuable
Attacha de tout temps par le plus doux lien,
J'habite ce palais, et ce trône est le mien.
Elle dit ; et mon œil, à travers cent nuages,
Ne vit plus qu'un amas de confuses images :
Mon songe disparut. Je vis qu'à chaque instant
Les arts consolateurs, plaisir indépendant,
Nous ouvraient du bonheur la source incorruptible ;
Que de goûts différents plus l'homme est susceptible,
Plus un mortel en peut rassembler dans son cœur,
Et plus il réunit de rayons du bonheur ;
Que l'étude lui fait braver les injustices,
Peut seule, en l'occupant, le dérober aux vices ;

Et dans un cœur enfin qu'ils n'ont point corrompu
Achever le bonheur qu'ébauche la vertu.
Du monde, dis-je alors, j'éviterai l'ivresse :
Dans le sentier fleuri que m'ouvre la Sagesse
Je veux porter mes pas, résolu d'y chercher
Des plaisirs que le sort ne pourra m'arracher,
Trop doux pour me troubler, assez vifs pour me plaire :
De passer tour à tour du Parnasse à Cythère,
Et d'être en mon printemps attentif à cueillir
Les fruits de la raison et les fleurs du plaisir.

Le bonheur

Chant quatrième

Argument.

Le progrès des connaissances peut seul faire le bonheur général et particulier. Les rois instruits verront que le plaisir de faire du bien est le seul plaisir réel que donnent les grandeurs. Les hommes éclairés et bien gouvernés se rendront heureux en contribuant au bonheur des autres. Mais le monde est encore loin de cet état. Sous le joug de l'oppression des rois et des prêtres, le sage doit jouir des arts, du plaisir d'aimer, et de celui d'éclairer les hommes autant qu'il lui est possible. Fable d'Oromaze et d'Ariman.

Le bonheur

Chant quatrième

COMPAGNE des Vertus, sublime Vérité,
Qu'instruit par tes leçons, guidé par ta clarté,
L'homme apprenne de toi que c'est le plaisir même,
L'âme de l'univers, le don d'un Dieu suprême,
Qui lui fera trouver, loin des mortels jaloux,
Son bonheur personnel dans le bonheur de tous.
Ô sainte Vérité, c'est dans ton temple auguste.
Que l'homme doit puiser les notions du juste.
Aveuglé par l'erreur, trop longtemps on l'a vu
S'égarer dans le crime en cherchant la vertu.
Il est temps que ta main décille sa paupière.
Montre-lui qu'ici-bas ton utile lumière
Peut seule y ramener un siècle de bonheur ;
Que le vice est enfin étranger à son cœur.
Si j'en crois l'Indien, il fut jadis un âge
Où de l'homme innocent le vrai fut le partage.
On ne voyait partout que des cœurs vertueux,
Des esprits éclairés, et des mortels heureux.

Ce siècle fortuné disparut comme un songe.
Le siècle qui le suit voit le dieu du mensonge,
Le superbe Atiman, échappé des enfers,
Des ombres de l'erreur couvrir cet univers.
La terre à son aspect pousse des cris funèbres,
Le cœur aime le vice, et l'esprit les ténèbres ;
On voit à la candeur, à l'ordre, à l'équité,
Succéder l'intérêt et la férocité ;
La paix voile son front et fait place à la guerre
Tout combat, tout périt, tout change sur la terre.
Vous, des bords de l'Indus fortunés habitants,
Vous, les premiers témoins de ces grands changements,
Qui vîtes de la nuit éternelle et profonde
Ariman s'élever sur le trône du monde ;
Puissé-je, en traduisant vos sublimes écrits,
Sur les maux à venir rassurer les esprits,
Présenter aux humains la douce et vive image
Des vertus ; des plaisirs, des mœurs du premier âge
Je veux, lorsqu'empruntant un plus hardi pinceau
J'aurai de leurs malheurs esquissé le tableau,
Leur annoncer enfin qu'un siècle de lumière
Doit rendre l'homme encore à sa vertu première.
Oromaze, engendré de cet immense feu
Qui se meut, qui conçoit, veut, vivifie, est Dieu,
À peine dans les cieux eut suspendu le monde,

Qu'en faveur des mortels sa main sage et féconde,
Enrichit de ses dons tous les climats divers.
Entre les habitants de ce vaste univers
Il en est deux surtout qu'il aime et qu'il inspire :
L'un se nomme Élidor, et l'autre Netzanire.
« Que béni soit le ciel ! se disaient-ils un jour ;
« Enchaînés à la fois par l'Hymen et l'Amour,
« Couple d'époux amants, quel bonheur est le nôtre !
« Nous vivons, Netzanire, et vivons l'un pour l'autre
« Rappelle à ton esprit ce jour où dans les bois
« Je m'offris à tes yeux pour la première fois.
« Je te vis, et l'amour circula dans mes veines ;
« Impatient d'aimer, je demandais tes chaînes.
« Tu daignais m'écouter ; mes soupirs et mes vœux
« N'étaient point détournés par les vents envieux.
« Tu brûlais de l'amour qui dévorait mon âme.
« L'Hymen, loin de l'éteindre, en irrite la flamme ;
« Elle résiste au temps. Chaque jour je te vois
« Plus adorable encor que la première fois.
« Le rayon argenté de la naissante aurore
« Est moins vivifiant, moins agréable à Flore
« Que ton regard ne l'est à ton époux heureux.
« Être charmant, sais-tu ce que peuvent tes yeux,
« Ta forme, ta beauté, ta grâce enchanteresse ?
« Sais-tu ce qu'en un cœur elle porte d'ivresse ?

« De ce corps façonné par la main des Amours
« N'as-tu jamais au bain admiré les contours ?
« Mon âme jusqu'aux cieux s'est souvent élancée ;
« Plein de toi, j'ai souvent, de l'œil de la pensée,
« Voulu tout comparer dans ce monde habité :
« Je n'ai rien aperçu qui t'égale en beauté.
« Si, distrait un instant de l'objet que j'adore,
« Je fixe mes regards sur l'éclatante aurore,
« Sur les cercles des cieux, sur les immenses mers,
« Sur ces orbes brûlants qui traversent les airs,
« Malgré l'étonnement qu'éprouve alors mon âme,
« Ce spectacle n'a rien qui m'émeuve et m'enflamme ;
« Je ne sens point en moi de secret mouvement ;
« Mon être enfin n'éprouve aucun grand changement.
« Ce superbe spectacle, excitant ma surprise,
« M'échauffe d'un plaisir que mon âme maîtrise.
« Que je suis différent alors que je te vois !
« Tout mon être se change en approchant de toi.
« Le ciel à mon amour lia mon existence ;
« C'est par toi que je sens, c'est par toi que je pense :
« Loin de toi je te cherche et tout m'est odieux ;
« Mais lorsque ta présence embellit ces beaux lieux,
« Elle y répand l'esprit et d'amour et de joie.
« Aux ennuis dévorants mon cœur est-il en proie ?
« Du chagrin près de toi perdant le souvenir,

« Mes yeux n'y sont mouillés que des pleurs du désir.
« Transporté je regarde, et transporté je touche.
« Le soir, lorsque l'Hymen me conduit à ta couche,
« Ta naïve pudeur irrite encor mes feux,
« La grâce est dans ton geste, et le ciel dans tes yeux
« Occupé de toi seule, ô l'âme de ma vie !
« Le don de te charmer est le seul que j'envie.
« Que servent le savoir, l'esprit et le talent ?
« T'aimer, te plaire est tout ; le reste est un néant.
« Des sages quelquefois j'entends la voix sublime
« Chanter les dieux, le temps, le chaos et l'abîme,
« Et peindre les beautés du naissant univers
« Je ne sais, mais l'ennui se mêle à leurs concerts.
« Auprès de ta beauté qu'est-ce que le génie ?
« Discourant près de toi la sagesse est folie.
« Tout est créé pour toi : la rose en ce jardin
« Croît pour qu'on la compare aux roses de ton teint.
« Près d'elle le Zéphyr, murmurant sa tendresse,
« De son souffle amoureux, rallume mon ivresse.
« L'amour, les doux baisers, le chant de ces oiseaux,
« La vigne entrelacée aux troncs de ces ormeaux,
« L'ombre de ces bosquets, ces fleurs, cette verdure,
« Et ces lits de gazon, et toute la nature,
« Me ramène à l'objet dont mon cœur est épris.
« L'astre doré du jour, l'astre argenté des nuits,

« Chefs-d'œuvre que créa la parole féconde,
« Montent-ils dans les cieux pour embellir le monde ?
« Non, mais pour éclairer de leurs douces couleurs
« Le matin tes beautés, et le soir tes faveurs.
« L'onde qui réfléchit en cet heureux asile
« L'image présentée à son miroir mobile,
« De ses limpides flots n'embrasse ce séjour
« Que pour multiplier l'objet de mon amour.
« Mais le soleil déjà s'élève en sa carrière ;
« Au Puissant Oromaze, au dieu de la lumière,
« Il est temps de payer le tribut de nos vœux.
« C'est lui qui te créa, par lui je suis heureux ;
« C'est un dieu de bonté que Netzanire adore :
« Les plaisirs sont ses dons, et qui jouit l'honore ;
« Au temple de l'Amour il plaça ses autels :
« Oromaze est heureux du bonheur des mortels. »
    Élidor à ces mots embrasse sa compagne.
Tous deux sont parvenus au pied d'une montagne
Que l'aube matinale éclaircit de ses feux.
Par un charme invincible attiré vers ces lieux,
On se sentait forcé d'y diriger sa course.
Du penchant d'un rocher jaillissait une source
Dont les eaux, serpentant à travers mille fleurs,
De l'astre des saisons tempéraient les ardeurs.
Les airs sont parfumés par d'odorantes herbes.

Là s'élèvent dans l'air des platanes superbes,
Dont les troncs, éclairés des premiers traits du jour,
Servent de péristyle au temple de l'Amour.
Du milieu d'un bassin des ondes bouillonnantes
Jaillissaient, retombaient en nappes transparentes ;
Leur cours se partageait en différents canaux ;
L'Aurore à son réveil en nuançait les flots ;
Ces flots, par cent détours roulant vers la campagne,
D'une zone argentée entouraient la montagne.
Plus loin montait dans l'air le temple de l'Amour.
C'est là que ces époux se rendaient chaque jour.
Ils allaient, invoquant le dieu de la lumière,
À ses sacrés autels adresser leur prière.
Un cri s'est fait ouïr du sein des antres creux ;
Des signes effrayants ont paru dans les cieux ;
Des gouffres du Ténare une vapeur obscure,
Dans les airs répandue, a voilé la nature ;
La montagne s'agite, et la terre frémit.
C'était l'instant fatal, par le Destin prédit,
Où le fier Ariman, dieu d'erreur et de haine,
Dieu terrible aux mortels, devait briser sa chaîne.
De l'univers, soumis à sa divinité,
Le temple de l'Amour était seul excepté.
Sous son portique auguste, à la crainte docile,
L'heureux couple d'amants court chercher un asile.

À peine ils l'ont atteint que leurs yeux étonnés
Se portent vers les lieux qu'ils ont abandonnés.
Quel spectacle effrayant ! l'astre de la lumière
Pâlit, suspend sa course, et recule en arrière.
Les cieux ne brillent plus que du feu des éclairs ;
Un bruissement sourd parcourt les vastes mers ;
L'air souterrain mugit, s'échauffe, se dilate ;
Avec un bruit affreux la montagne s'éclate,
Et laisse apercevoir dans son flanc calciné
Le féroce Ariman sur un roc enchaîné.
Son corps est engourdi ; son âme sans pensée
Du sommeil du trépas paraissait oppressée,
Lorsqu'un coup de tonnerre ébranle et fend les cieux.
À ce coup Ariman s'éveille, ouvre les yeux.
Son état un moment l'humilie et l'étonne ;
Mais sa force renaît : il a ceint la couronne,
Le roc s'est abîmé, ses fers se sont brisés ;
Il lance autour de lui des regards embrasés
Qui répandent partout la crainte et les alarmes ;
Et sa vue aux dieux bons arrache quelques larmes.
    Cieux, éléments, dit-il, et vous orbes brûlants
Qui fécondez la terre et mesurez les ans,
Ariman est vainqueur ; adorez votre maître.
Que l'univers enfin apprenne à me connaître.
Le sceptre d'Oromaze a passé dans ma main.

Terre, aujourd'hui reçois ton nouveau souverain.
Vous, monts que les forêts couronnent de verdure,
Grottes que rafraîchit une onde vive et pure,
Bocages toujours verts qu'éclaire un demi-jour,
Temples par le Plaisir consacrés à l'Amour,
Jardin délicieux, Éden que l'on renomme,
Ornement de la terre et délices de l'homme,
Disparaissez : les maux, les pleurs de l'univers,
Vont me venger du dieu dont j'ai porté les fers.
Mortels, c'est aujourd'hui que mon règne commence.
Foudres, que vos éclats annoncent ma présence ;
Cieux, soyez attentifs à mes commandements :
Vous mugissantes mers, et vous feux dévorants,
Tour à tour submergez et consumez la terre.
Éléments, entre vous je viens semer la guerre.
Je te commande, ô Mort, de décocher tes traits.
Que tout soit confondu. Je veux que désormais
La physique, en fouillant la profondeur des mines,
Ne découvre partout qu'un amas de ruines,
Et lise avec effroi dans les bancs souterrains
L'histoire de la terre et celle des humains.
Mortels, vous ramperez sur les débris du monde
Dans sa destruction que l'enfer me seconde.
Oromaze n'est plus ; j'ai vaincu mon rival.
Que l'univers physique et l'univers moral

Éprouvent à la fois les coups de ma vengeance.
Homme, que le malheur préside à ta naissance ;
Que la faim, que la soif, assiègent ton berceau :
Je charge la douleur de creuser ton tombeau ;
De tes divers besoins chaque jour la victime,
Qu'ils portent dans ton cœur la semence du crime.
Mon pouvoir bannira la justice et l'honneur ;
Je mettrai sur le trône et le vice et l'erreur.
Leurs efforts réunis, opprimant l'innocence,
Contre elle enhardiront l'audace et la licence.
Le cruel despotisme, armé contre les lois,
Va dépeupler la terre, et massacrer les rois.
Que l'homme dégradé se courbe à l'esclavage :
De la raison en lui j'étoufferai l'usage.
Si son esprit est vain, je saurai l'abaisser.
Qu'abruti par la crainte il n'ose plus penser ;
Que la nuit de l'esprit succède à la lumière.
Homme crédule et vil, couvre-toi de poussière ;
De toi-même ennemi, vis dans l'affliction ;
Reçois pour ton tyran la Superstition.
À son sceptre d'airain je soumets la nature ;
L'esprit sera nourri d'erreur et d'imposture ;
Le rebelle à ses lois, traîné dans les cachots,
Reconnaîtra son règne à des crimes nouveaux.
Par sa stupide foi que tout mortel m'honore.

Prêtres, baignez de sang l'autel où l'on m'adore.
Trop indulgent, sans doute, Oromaze autrefois
N'imposait aux humains que leurs désirs pour lois ;
On adorait ce dieu sans crainte et sans alarmes :
Mon culte, plus sévère, est le culte des larmes.
Que l'univers, créé par ce dieu bienfaisant,
À mon ordre en ce jour rentre dans le néant.
S'élevant à ces mots aux régions tonnantes,
Les airs sont comprimés sous ses ailes pesantes ;
Il plane sur les vents qui lui servent d'appui.
L'impitoyable Mort s'avance devant lui.
Ariman a déjà, d'une main meurtrière,
Sous la terre allumé le soufre incendiaire ;
Les cieux autour de lui sont sillonnés d'éclairs ;
Et, des monts dont le pied sert de voûte aux enfers,
Et dont le front altier ne présente à la vue
Que des rochers de glace élancés dans la nue,
On a vu s'élever, avec un bruit affreux,
Des tourbillons de cendre et des torrents de feux.
De l'aride équateur jusques au pôle arctique
La flamme avec fureur s'étend, se communique.
Le terrain soulevé se rompt avec effort.
L'Atlas brûle au midi ; l'Hécla s'allume au nord,
Et ses feux, réfléchis au loin sur le rivage,
Versent un jour affreux sur ce climat sauvage.

Les rocs avec fracas roulant dans les vallons
Font mugir les échos et frissonner les monts.
Ce bruit affreux se mêle aux éclats du tonnerre ;
Il gronde dans les cieux, il roule sur la terre.
Jusqu'en ses fondements le monde est ébranlé ;
Des crêpes de la nuit le soleil s'est voilé ;
Les vents sont déchaînés ; les vagues sont émues ;
Les flots amoncelés s'élèvent jusqu'aux nues :
La terre à tous les yeux offre une mer sans ports ;
Le féroce océan a surmonté ses bords ;
Il bouillonne, frémit, sort des grottes profondes
Où jadis Oromaze a renfermé ses ondes,
Et ses eaux se mêlant avec les eaux des cieux,
Tout est détruit, tout meurt. En vain le malheureux
Cherche encore un asile, en sa fuite incertaine,
Sur le sommet du mont, sur la cime du chêne ;
L'océan l'y poursuit : la mort, avec les flots,
Monte, approche ; il expire englouti sous les eaux.
La mer est cependant en son lit rappelée ;
Le tonnerre se tait, l'onde s'est écoulée.
Quel spectacle d'horreur ! ces cités, autrefois
Aimables par les arts, heureuses par les lois,
N'offrent de tous côtés à la vue interdite
Qu'un aride désert que la terreur habite.
Ariman sent déjà qu'il manque à son courroux

Un nouvel univers pour y lancer ses coups.
Entre les éléments sa voix suspend la guerre ;
Son ordre tout-puissant a repeuplé la terre ;
Et, trop sûr de trouver sous des cieux plus sereins
De nouveaux malheureux dans de nouveaux humains,
De la sphère ébranlée il raffermit la base.

Les époux prosternés aux autels d'Oromaze,
Quel dieu s'arme pour nous : s'écriait Élidor ;
L'univers est détruit, et nous vivons encor ;
Nous vivons, nous aimons : ô puissance céleste,
Tu me conserves tout ; Netzanire me reste.
Tout entier à l'amour, dans ce palais de fleurs
Dont l'art et le plaisir ont mêlé les couleurs,
J'oublie et les mortels, et leurs maux, et moi-même.
Il n'est point de douleur près de l'objet qu'on aime.
Je mêle tour à tour sur ces lits odorants
Les voluptés de l'âme aux voluptés des sens.
Jure-moi, quand la mort, à la suite de l'âge,
S'approchant à pas lents de ce paisible ombrage,
Dans la tombe avec toi viendra m'ensevelir,
Qu'elle me trouvera dans les bras du plaisir.
De cet espoir si doux ton amour est le gage.
L'amour est des mortels le plus bel apanage ;
C'est l'ivresse des sens, le plus beau don des cieux,
Le seul bien qui nous soit commun avec les dieux ;

Goûtons-le. Tu le sais, lui répond Netzanire,
Pour toi jusqu'à ce jour j'ai vécu, je respire.
L'univers ne m'est rien. Hélas ! pour mon bonheur,
Je n'ai rien désiré qu'un désert et ton cœur.
Mon âme, pour toi seul à l'amour accessible,
Au malheur des humains n'en est que plus sensible.
Il semble que l'amour dont mon cœur est ému
Exalte encore en moi l'amour de la vertu.
Tu vois de toutes parts la terre ravagée :
Ah ! mon cher Élidor, elle n'est point vengée.
Du dieu que nous servons renversant les autels,
Ariman à son joug a soumis les mortels.
Sa rage, en cet instant, qui paraît adoucie,
Pour les rendre au malheur les rappelle à la vie.
Des vices qu'il inspire il a fait leurs bourreaux ;
Il veut que chacun soit l'artisan de ses maux.
Pour les multiplier il laisse à l'ignorance
Le soin de féconder leur funeste semence.
Du pouvoir d'Ariman affranchis les humains
Que leurs indignes fers soient brisés par tes mains.
Il faut par ta présence adoucir leurs misères,
Secourir les mortels : ces mortels sont nos frères.
Sois pour eux sur la terre un dieu consolateur.
Pour t'éloigner de moi s'il en coûte à ton cœur,
Crois qu'il en coûte au mien ; et sois sûr que d'avance

J'éprouve en ce moment tous les maux de l'absence
Mais n'importe ; je veux qu'en mon cœur agité
L'amour quelques instants cède à l'humanité.
    Ton époux à ces traits reconnaît Netzanire :
Non, je n'en doute plus, c'est le ciel qui t'inspire ;
Il me parle ; et je vais, à ton commandement,
Jusques sur ses autels défier Ariman.
Dans ses mains, si je puis, j'éteindrai le tonnerre.
Je vais me dévouer au bonheur de la terre.
Tu le veux ; ton désir est ma suprême loi.
Puissé-je revenir plus digne encor de toi !
    Il la quitte à ces mots. L'Humanité le guide ;
Il traverse à grands pas une campagne aride ;
Il y cherche des yeux ces vergers et ces champs
Qu'embaumaient les parfums d'un éternel printemps,
Où Flore captivait le dieu léger qu'elle aime,
Où, sans art et sans soin, la terre d'elle-même
Et colorait les fleurs et mûrissait les fruits.
Quels objets différents frappent ses yeux surpris !
Il voit, la bêche en main, le travail et la peine
Dégouttant de sueur ensemencer la plaine,
La peste, la famine, et les chagrins cruels,
À différentes morts condamner les mortels ;
L'astre éclatant du jour, parcourant l'écliptique,
Lancer sur l'univers une lumière oblique,

Y faire succéder sous des cieux sans chaleurs
Les hivers au printemps et les frimas aux fleurs.
    Élidor cependant avance ; il veut s'instruire
Et des lois et des mœurs qu'Ariman vient prescrire
Aux nouveaux habitants d'un nouvel univers.
D'un terrain sablonneux traversant les déserts,
Il dirige ses pas vers un bois de platanes.
Au pied d'une montagne il a vu des cabanes.
Il s'approche ; il entend des torrents qui par bonds
Du sommet des rochers tombaient dans les vallons.
L'astre brillant des cieux, du haut de sa carrière,
Sur ce mont darde en vain une pâle lumière ;
Des chênes monstrueux, monarques des forêts,
Absorbent ses rayons dans leur feuillage épais ;
De stériles rochers on voit de longues chaînes
Mêler leur cime aride à la cime des chênes ;
Des lieux qu'un jour obscur consacre à la terreur
La vaste solitude augmente encor l'horreur.
Là, guidé par l'espoir de secourir ses frères,
De pleurer avec eux, d'adoucir leurs misères,
Élidor a gravi sur des monts sourcilleux
Dont le sommet se perd dans un ciel orageux.
Sur leur croupe escarpée il voit un précipice,
Abîme caverneux creusé par l'Avarice,
Qui, la pioche en main, y suit un filon d'or.

Elle n'arrêta point ses yeux sur Élidor.
Tandis qu'il s'égarait dans cette solitude,
Un spectre s'offre à lui ; c'était l'Inquiétude,
Monstre qui, de ses mains sans cesse déchiré,
Doit son être aux tourments dont il est dévoré.
Le Trouble, l'œil hagard, le suit ou le devance :
Élidor ignorait sa funeste existence.
Il voit des opulents que ce monstre poursuit,
Et sur leur triste sort son âme s'attendrit.
Cependant il atteint le sommet des montagnes.
Quel spectacle d'horreur ! il voit dans les campagnes
Des guerriers rassemblés sous différents drapeaux
S'attaquer, se défendre, et mourir en héros.
De carnage et de sang ils ont couvert la plaine.
Dieux ! s'écrie Élidor, quelle gloire inhumaine
Appelle ces guerriers dans les champs de la mort ?
Y vont-ils arracher le faible au joug du fort ?
Non : ils ont combattu pour décider peut-être
De deux tyrans cruels lequel sera leur maître.
S'il est, dit Élidor, des mortels vertueux,
Ils vivent ignorés dans les temples des dieux.
Pour trouver le bonheur visitons ces asiles.
C'est là que les humains coulent des jours tranquilles.
Ah ! puissé-je y revoir la justice, la paix,
Du reste de la terre exilée à jamais !

Élidor sent en lui renaître l'espérance.
Descendu dans la plaine, auprès d'un temple immense,
Qu'y voit-il ? Habité par des dieux courroucés,
Les murs en sont construits d'ossements entassés.
Il entend retentir les voûtes souterraines
Du sifflement des fouets, du froissement des chaînes,
Des coups sourds des bourreaux, des cris de leur fureur
Mêlés aux cris aigus poussés par la douleur.
Eh quoi ! dit-il, eh quoi ! la foudre vengeresse
Épargne encor l'autel de la scélératesse !
Et depuis quand les dieux, ennemis des humains,
Trempent-ils dans le sang leurs bienfaisantes mains ?
Quel sénat assemblé sous cette voûte obscure ?
Qui s'assoit sur l'autel ? Que vois-je ? l'imposture !
C'est le superbe Eblis, grand prêtre d'Ariman,
Qui, pontife et monarque, y règne insolemment.
Une jeune Indienne en ces lieux amenée
Doit être en cet instant aux flammes condamnée.
Mais tu la vois paraître. Il faut, lui dit Eblis,
Encenser aujourd'hui le dieu de mon pays.
Que je l'encense ou non, que t'importe ? dit-elle.
J'ai, jusqu'à ce moment, à la vertu fidèle,
Adoré, comme Eblis, un être bienfaisant,
Dans un lieu, sous un nom, peut-être différent.
Si le dieu que tu sers protège l'innocence,

C'est le crime qui peut allumer sa vengeance.
Ce dieu, dont l'indulgence égale le pouvoir,
Demande seulement ce qu'on croit lui devoir.
Ton dieu peut tout ; eh bien ! qu'il se fasse connaître.
Mon cœur est dans ses mains, lui seul en est le maître.
À son ordre puissant tout fléchit et se tait.
Je crois quand il le veut, et non quand il me plaît.
J'ai fermé, diras-tu, mes yeux à la lumière.
Que ton dieu vienne donc déciller ma paupière.
Tu le sais, la croyance est dans tous les instants
L'œuvre de sa bonté, non celui des tourments.
Je te connais, Eblis ; mon œil enfin démêle
L'intérêt qui te meut à travers ton faux zèle.
La terre est contre toi prête à se révolter :
Pour te l'assujettir tu veux l'épouvanter ;
Tu veux être puissant, et l'être par le crime ;
De ton ambition tu me fais la victime.

Sans un arrêt du ciel, ne crois pas que ma main
Osât, reprend Eblis, verser le sang humain ;
Contre toi de mon dieu la colère est armée.

Sur cet affreux bûcher si je suis consumée,
C'est par l'ordre d'Eblis, non par celui des dieux.
Que ton culte soit saint ; tu le dis, je le veux ;
Mais, de ce culte enfin quelque soit l'excellence,
Réponds : ton dieu peut-il punir comme une offense

Le forfait innocent de l'avoir méconnu ?
Je m'en rapporte à toi : me condamnerais-tu
Si, reléguée encore en de vastes contrées
De ces funestes lieux par des mers séparées,
J'avais, prêtant l'oreille à des bruits imposteurs,
Méconnu ton pouvoir, ton nom et tes grandeurs ?
Tu frémis : ce soupçon te paraît une injure.
Si je suis innocente aux yeux de l'imposture,
Si j'obtiens grâce enfin d'un monstre tel que toi,
Qu'aurais-je à redouter de notre commun roi ?
Il punit les forfaits, pardonne à l'ignorance ;
Et, s'il n'a point d'égal en sagesse, en puissance,
Ce dieu sans doute est bon : c'est ton impiété
Qui prête à ce dieu saint ton inhumanité.
    Viens-tu jusqu'en ces lieux braver l'Être suprême ?
Tu respires encore, et j'entends ce blasphème !
Ariman m'apparaît ; dieu terrible et jaloux,
Tu vas le reconnaître à ses rapides coups
Que ne peut mesurer ni le temps ni l'espace.
Il parle, et sous sa main tout tombe, tout s'entasse.
Meurs ; et que le bûcher dont j'allume les feux
Épouvante à jamais tout mortel orgueilleux
Qui, rebelle à mon culte, et sous le nom de sage
Consulte sa raison, ose en vanter l'usage.
    Eh quoi ! dit Élidor, l'orgueilleux imposteur

Prétend associer le ciel à sa fureur !
Sa main verse le sang, et c'est Dieu qui l'inspire !
Ah ! fuyons ces autels que je ne puis détruire.
Quelque sage, peut-être, en ces lieux retiré,
M'enseignera le temple aux vertus consacré ;
M'apprendra si ce monde est créé pour la guerre ;
Si la force est enfin le seul dieu de la terre.
Élidor jette au loin un rapide regard
Une caverne s'ouvre, il en sort un vieillard.
Hélas ! ce n'est donc plus qu'en un antre sauvage
Qu'on peut, dit Élidor, trouver enfin un sage
Le crime a-t-il partout élevé ses autels ?
Le sage, devenu l'ennemi des mortels,
De leur iniquité serait-il la victime ?
Parlez : loin des humains qui vous bannit ? Le crime.
Mon fils, dit le vieillard, j'ai vécu, j'ai régné ;
Comme toi j'ai vu l'homme au vice abandonné.
Je voulais son bonheur ; j'essayai de le rendre
Plus vertueux, plus juste ; et je devais m'attendre
Que les dieux m'aideraient dans mes nobles projets
Chaque jour, détrompé par mon peu de succès,
J'éprouvai des chagrins sans mélange de joie.
Las d'un trône où j'étais à mes soucis en proie,
Je n'ai plus mesuré l'empire et son orgueil
Que par l'espace étroit qu'il faut pour un cercueil.

Le reste est inutile, et l'aveugle fortune
N'offre que des grandeurs dont l'éclat importune :
Je m'en suis dégoûté. De ce siècle pervers
J'ai fui ; j'ai recherché le repos des déserts.
Oromaze est-il donc oublié sur la terre ?
Oui, reprend le vieillard ; l'injustice, la guerre,
Oppriment les humains. Tu vois sur les autels
Régner insolemment les plus grands criminels.
La vertu s'en exile. Il fut jadis un âge
Où le ciel avec joie en recevait l'hommage.
Le prêtre est corrompu ; dans sa perversité
Il n'admet pour vertu que la crédulité ;
Il proscrit la justice ; et la fière ignorance
Fait plier à son joug l'aveugle obéissance.
La sombre hypocrisie exige des humains,
Non le culte du cœur, mais l'offrande des mains.
Les dieux en l'épargnant deviennent ses complices,
Et l'autel chaque jour est souillé par ses vices.
Je t'en ai dit assez ; crois-moi donc, il faut fuir
Les malheureux humains qu'on ne peut secourir.
Ô vieillard vertueux, puissiez-vous loin du monde
Oublier tous les maux dont Ariman l'inonde
    Il s'éloigne à ces mots, et retourne au séjour
Où l'amour inquiet attendait son retour.
Ariman a vaincu ; la terre est son empire ;

Et je reviens, dit-il, ma chère Netzanire,
Oublier, si je puis, le spectacle effrayant
Des mortels opprimés sous le joug d'Ariman.
Ce spectacle à mes yeux se présente sans cesse.
Tout, même dans tes bras, m'accable de tristesse.
Quel déluge de maux inonde l'univers !
Ariman a partout transporté les enfers.
J'ai vu l'homme encenser et couronner le vice ;
J'ai vu le vrai talent, courbé sous l'injustice,
Au rôle de flatteur s'abaisser sans effort ;
Le vertueux forcé de ramper sous le fort ;
Des rois ambitieux, se disputant la terre,
Dans le champ des combats se lancer le tonnerre ;
J'ai vu l'Intolérance au pied des saints autels,
En invoquant les dieux, égorger les mortels ;
Et le sage, à genoux devant l'Erreur altière,
En recevoir des lois, et n'oser s'y soustraire.
    Oromaze l'entend, et des voûtes des cieux
Descend enveloppé d'un tourbillon de feux.
C'est à l'espoir, dit-il, à ranimer ton zèle.
Non, la nuit de l'erreur ne peut être éternelle :
Sois assuré que l'homme, ô sensible Élidor,
À son premier état peut s'élever encor.
Si le bien est du vrai toujours inséparable,
La perte de ce bien n'est point irréparable.

Un siècle de lumière un jour doit ramener
Ce siècle de bonheur qui semble s'éloigner.
Au milieu des besoins dont le cri t'importune,
Dont Ariman a fait la pomme d'infortune,
Vois, du sein de la nuit, qui paraît s'épaissir,
Sortir le germe heureux d'un bonheur à venir ;
Vois ces besoins, moteurs de l'active industrie,
Des humains éclairés embellissant la vie,
Les arracher un jour à l'assoupissement
Où les ensevelit le pouvoir d'Ariman.
Du jour des vérités je vois poindre l'aurore ;
Et, si de son midi ce jour est loin encore,
De l'auteur de vos maux les barbares projets
Ne pourront de ce jour suspendre les progrès.
Heureux sans doute alors autant qu'il le peut être,
L'homme aura mérité de m'avoir pour seul maître.
Trop superbe Ariman, oui, ton règne est passé ;
Je vois déjà, je vois ton trône renversé.
Tu portais jusqu'aux cieux ton orgueilleuse tête :
Tremble ; mon œil sur toi voit fondre la tempête
Privé de ton pouvoir, banni de l'univers,
Ce bras vengeur te suit jusqu'au fond des enfers.
Tu tombes dévoré des flammes du tonnerre ;
Le mal s'anéantit, le ciel est sur la terre.
    Monarques, qui tenez dans vos puissantes mains

Le rênes de l'état et le sort des humains,
De votre autorité quelle sera la base ?
Par de nouveaux bienfaits méritez nos hommages :
Complices d'Ariman, ou les fils d'Oromaze,
Vous fîtes les héros ; faites encor les sages.
Vous pouvez, ou chéris, ou craints dans votre cour,
Régner par la terreur, ou régner par l'amour ;
Vous pouvez (ce récit a dû vous en instruire),
Par vos soins vigilants, étendre en votre empire
Le jour des vérités ou la nuit de l'erreur,
Et suspendre ou hâter le siècle du bonheur :
C'est à vous de choisir ce que vous voulez être,
Et lequel de ces dieux vous adoptez pour maître.
    Ô toi dont le suffrage et les divins regards,
En enflammant l'artiste, eussent créé les arts ;
Toi qui sais, enchaînant les plaisirs sur tes traces,
Aux lauriers de Minerve unir les fleurs des Grâces ;
Ô fille de Vénus, arbitre des talents ;
J'ai chanté le bonheur ; anime mes accents.
Tu peux tout : à ta voix, immortelle Aspasie,
L'amour seul donnera des ailes au génie.
Tu commandes au nom des plaisirs les plus doux :
Te plaire est le seul prix dont mon cœur soit jaloux.
    Sexe charmant, c'est vous qui jadis sur la terre
Armiez pour les combats les enfants de la guerre :

Vous pouvez plus encor pour les fils d'Apollon ;
Vous donnez des plaisirs : la gloire est un vain nom.
Par de nouveaux bienfaits méritez nos hommages :
Vous fîtes les héros : faites encor les sages.

Épître sur le Plaisir à Monsieur de Voltaire

Sommaire

C'est le plaisir qui nous appelle au travail. C'est l'espérance des plaisirs qui sont la suite des richesses et des grandeurs qui nous porte à les chercher. Histoire abrégée de la société depuis son origine jusqu'à l'état où elle est parvenue, et dans lequel on voit l'amour du plaisir mobile de toutes les actions : ressort nécessaire des sociétés, il en fait le bonheur et la gloire, la honte ou le malheur, selon qu'il est dirigé par les législateurs. La perfection de la législation est de rendre le bonheur des individus utile au bonheur de la société. Le despotisme, où tout a pour objet le bonheur d'un seul, et la superstition, qui a pour but l'empire et le bonheur des prêtres, sont également opposés à cette bonne législation.

Épître sur le Plaisir à Monsieur de Voltaire

QUAND L'HOMME, par sa pente entraîné vers le crime,
De désirs indiscrets l'esclave ou la victime,
Cède au poids de ses maux qui semble l'écraser,
Est-ce donc le plaisir qu'il en faut accuser ?
En vain le faux dévot le bannit de la terre ;
Il est à tous nos maux un baume salutaire ;
C'est l'éternel objet de tous nos vœux divers
Adorons donc en lui l'âme de l'univers.
Sa voix qui nous appelle à tous se fait entendre.
Si l'espoir d'en jouir nous fait tout entreprendre,
Si, créateur des arts, il nous donne des goûts,
Dois-je les immoler aux caprices des fous ?
De ces arts décriés quand l'étude féconde
N'aurait jamais donné que des plaisirs au monde.
Ces arts auraient comblé notre premier désir,
Qui peut de ses besoins distinguer le plaisir ?
C'est un présent du ciel fait par l'Être suprême.

Quoi qu'en dise un dévot, c'est un bien en lui-même ;
Il en est du plaisir ainsi que des honneurs :
Par les soins vigilants de ses dispensateurs
Est-il le prix d'un acte injuste ou légitime,
Il nous porte aux vertus, ou nous entraîne au crime.
Éclairant les mortels, ou trompant leur raison,
Tour à tour il devient et remède et poison.
Le plaisir, dirigé par une main habile,
Dans tout gouvernement est un ressort utile.
    Aux champs iduméens voyez cet imposteur
Éveiller la discorde et répandre l'erreur.
Par quels moyens sut-il, favori de la gloire,
À ses drapeaux sanglants enchaîner la victoire ?
Par quel art, abusant les crédules humains,
Échauffait-il les cœurs de ces fiers Sarrasins
Qui, toujours affamés de sang et de carnage,
Courbaient l'orgueil des rois au joug de l'esclavage ?
L'univers consterné pliait sous leurs efforts :
Le fourbe, du plaisir employant les ressorts,
À côté des travaux plaçait la récompense ;
Il flattait les désirs ; et, sûr de leur puissance,
Au féroce vainqueur ouvrant le paradis,
Par-delà les dangers lui montrait les houris.
    Veux-tu, plus curieux, t'instruire, et mieux connaître
Les effets du plaisir, ce qu'il peut sur ton être,

Et quel principe actif, puissant et général,
De toute éternité mut le monde moral ?
Pénètre dans ton cœur ; que ton œil examine
De la société l'enfance et l'origine ;
Vois ce moment où Dieu créa cet univers :
Il commande : le feu, l'eau, la terre et les mers,
S'arrondissent en globe, et l'espace docile
A reçu dans ses flancs la matière immobile.
De mille astres épars Dieu maintenant l'accord,
Y porte la chaleur, la force et le ressort.
Pour premier habitant de ce monde visible
Sa main a créé l'homme ; il naît, il est sensible ;
Il connaît le plaisir et ressent la douleur,
Et déjà l'amour-propre a germé dans son cœur.
Cet amour, en tout temps armé pour sa défense,
Même dans son berceau protège son enfance ;
Et, contre tout danger devenu son appui,
Dans sa décrépitude il veille encor sur lui.

Je dois à cet amour ma joie et ma tristesse,
Mes craintes, mes fureurs, mes talents, ma sagesse,
En tout temps cet amour, allumant mes désirs,
Me fait fuir la douleur et chercher les plaisirs.

Parmi ceux que je goûte il en est un suprême
Tout autre à son aspect disparaît de lui-même
Comme un spectre léger fuit à l'aspect du jour ;

Et ce plaisir suprême est celui de l'amour.
Ses feux brûlent Adam ; il voit Ève, l'admire,
L'aime, l'embrasse, et cède au charme qui l'attire.
Il est père : ses fils se nourrissent de glands.
Dans des antres profonds et creusés par le temps,
L'un de l'autre d'abord écartés sur la terre,
Sans or et sans besoins, ils ont vécu sans guerre.
Victimes ou vainqueurs des ours et des lions,
Rois ensemble et sujets dans de vastes cantons,
Ils suivent tous l'instinct de la simple nature.
Leur nombre enfin s'accroît ; la terre, sans culture,
Déjà ne fournit plus d'assez riches présents
Pour sauver de la faim ses nombreux habitants.
L'art vient à leur secours : il a fouillé la mine ;
Il en tire le fer, il le fond, il l'affine.
Ce métal sur l'enclume est en soc façonné ;
Attelé sous le joug le bœuf marche incliné.
Le besoin, le plaisir, sources de l'industrie,
Ont fécondé la plaine, émaillé la prairie,
Embelli les jardins, et paré nos guérets
Des couleurs de Vertumne et des fruits de Palès.
La vigne croît, s'élève, et verdit les montagnes ;
Les épis ondoyants jaunissent les campagnes ;
Et le travail enfin de toutes les saisons
De la stérile terre arrache des moissons.

Mais des premiers mortels lorsque la race entière
D'une course rapide achevait sa carrière,
Lorsqu'enfin, par les ans entraînée aux tombeaux,
Elle eut cédé la terre à des mortels nouveaux,
Un nouvel art apprit à l'active avarice
À partager le champ qui d'épis se hérisse.
L'homme s'en rendit maître ; il l'appela son bien.
C'est alors qu'on connut et le tien et le mien,
Et que la terre, entre eux partageant ses richesses,
N'offrit plus aux humains ses communes largesses.
Un fossé large et creux enferme leur enclos.
C'est là que, se livrant aux douceurs du repos,
Ils vivent quelque temps dans une paix profonde.
Mais qu'il dut être court ce temps si cher au monde !
Dans les hameaux déjà je vois le fort s'armer :
Il veut, le fer en main, recueillir sans semer.
De sa coupable audace osant tout se promettre,
Aux plus rudes travaux son orgueil vient soumettre
Le faible, qui réclame en vain l'appui des dieux,
Thémis, dit-on, alors remonta dans les cieux.
La terre en ce moment est livrée au pillage.
Nulle propriété qu'on ne doive au carnage.
Le vainqueur, insensible au cri de la raison,
Ravit à son voisin sa femme et sa moisson.
Des Pâris ont partout allumé sur la terre

Au flambeau de l'amour le flambeau de la guerre ;
Et l'univers entier ne présente à mes yeux
Que des veuves en pleurs et des maisons en feux.
La mort, qui pousse au loin des hurlements terribles,
Va, parcourt l'univers sous cent formes horribles.
Pour réprimer ces maux on vit dans les états
Le public intérêt créer des magistrats.
Chargés de protéger la trop faible innocence,
La loi leur confia le glaive et la puissance.
On jure entre leurs mains de soutenir leurs droits ;
Ils jurent à leur tour de maintenir les lois.
　　Mais à ces vains serments le magistrat parjure
Oublia qu'il était un droit de la nature.
Le pouvoir affermi cessa d'être en ses mains
L'instrument fortuné du bonheur des humains.
À peine indépendant, je le vois entreprendre
D'anéantir des lois qu'il jurait de défendre,
Ou plutôt s'en armer pour bientôt s'asservir
Les lâches citoyens qui n'osent l'en punir.
C'est alors qu'à son front attachant la couronne
On le vit ériger son tribunal en trône.
L'amour du bien public fut un crime à ses yeux ;
Qui refusa ses fers fut un séditieux.
L'univers eut pour rois la force et l'artifice :
Ils y règnent encor sous le nom de justice ;

Le criminel heureux est partout révéré.
Enfin dans son palais le tyran massacré
Expire sous les coups des sujets qu'il opprime.
La force était son droit, la faiblesse est son crime.
Lorsque d'aucun remords un roi n'est combattu,
Et qu'il n'admet pour loi que son ordre absolu,
Tout différend alors se juge par la guerre ;
Tout mortel est esclave ou tyran sur la terre :
Il n'est plus de vertu, d'équité, de repos ;
Et l'univers moral rentre dans le chaos.
    Si l'orgueil éleva le pouvoir despotique,
La crainte l'affermit. Alors la politique,
Cet art auparavant si sage en ses desseins,
Ce grand art d'assurer le bonheur des humains,
Ne fut que l'art profond, mais odieux, qui fonde
La grandeur des tyrans sur les malheurs du monde.
L'homme adora le bras qui le tint abattu,
Et de sa servitude il fit une vertu.
Du peuple infortuné l'aveuglement extrême
Sembla le dépouiller de l'amour de lui-même.
Il parut oublier que l'espoir d'être heureux
De l'union publique avait formé les nœuds.
Sous le nom des vertus il méconnut les crimes.
    Je vous prends à témoins, malheureuses victimes,
Vous qui, de vos sultans flattant la cruauté,

Placez l'art de régner dans l'inhumanité,
Et semblez préférer, dans vos vœux illicites,
L'art affreux des Séjans à la bonté des Tites.
Dans cette faible esquisse où mon hardi pinceau
A du monde naissant crayonné le tableau
On voit que le plaisir, seul ressort de notre âme,
Aux grandes actions nous meut et nous enflamme,
Depuis l'esclave vil jusqu'au fier potentat ;
Dans chaque empire on voit comment le magistrat,
Avide du plaisir, rechercha la puissance,
Asservit tout au joug de son obéissance,
Souilla par son orgueil le temple de Thémis,
Et du glaive en ses mains par les peuples remis
Pour venger la vertu du puissant qui l'opprime
Il fit un instrument de vengeance et de crime,
S'en servit pour courber sous un joug illégal
L'homme libre en naissant, et créé son égal.
C'est ce même plaisir dont la seule espérance
Inspire au magistrat l'amour de la puissance,
Et qui, vers la grandeur fixant toujours ses yeux,
Souvent d'un prêtre saint fit un ambitieux.
Pour élever la chaire il abaissa le trône,
À la mitre bientôt asservit la couronne ;
Et, maître des esprits, ce prêtre fait des rois
Des esclaves titrés, mais rampants sous ses lois.

Qui des décrets du ciel se dit dépositaire
Peut toujours à son gré commander au vulgaire.
Sous le nuage saint qui voile les autels
L'adroite ambition se cache aux yeux mortels.
Le farouche dervis, sous la bure et la haire,
De ses vastes desseins déguise le mystère ;
Il paraît occupé du chemin du salut ;
Il cherche le pouvoir ; le plaisir est son but.

Variante de l'Épître sur le Plaisir

Malheureux, éclairés par leurs calamités,
Les humains font entre eux des pactes, des traités ;
La sûreté de tous, voilà leur loi première.
Sans la loi, sans ce joug honteux, mais nécessaire,
Le faible est opprimé, le fort est oppresseur.
Le grand art de régner, l'art du législateur,
Veut que chaque mortel qui sous des lois s'enchaîne,
En suivant le penchant où son plaisir l'entraîne,
Ne puisse faire un pas qu'il ne marche à la fois
Vers le bonheur public, le chef-d'œuvre des lois.
Selon qu'un potentat est plus ou moins habile
À former, combiner cet art si difficile
D'unir et d'attacher par un lien commun
À l'intérêt de tous l'intérêt de chacun,
Selon que bien ou mal il fonde la justice,
On chérit les vertus, ou l'on se livre au vice.

Fragment d'une épître sur la superstition

DANS TOUT EMPIRE, un corps, quelque soit sa sagesse,
Vers sa propre grandeur tend et marche sans cesse.
Sous le prétexte vain de l'intérêt des dieux
C'est le sien que chérit ce corps ambitieux.
Dans ses hardis projets, constant, invariable,
À ses membres il prête un appui redoutable.
Par de sévères lois n'est-il point contenu ?
Il marche sourdement au pouvoir absolu.
Qui peut armer pour lui la publique ignorance
Des princes outragés ne craint point la vengeance.
Qu'a-t-il à redouter des magistrats, des lois ?
L'interprète des dieux est au-dessus des rois ;
Lui seul de la vertu peut distinguer le vice ;
Lui seul devient alors juge de la justice :
À ce titre il a droit de commander à tous.
Pour conserver ce droit dont il était jaloux,

Pour les tenir soumis à son dur esclavage,
De la raison en eux il proscrivit l'usage,
Voulut que, dédaignant son impuissant appui,
Ils ne pussent jamais être instruits que par lui.
La terre en ce moment se couvrit de ténèbres ;
Le fanatisme, né sur des tombes funèbres,
Dans le temple des dieux par l'Erreur allaité,
Y reçut les respects de la Crédulité :
Le sceptre est dans ses mains un don de l'ignorance ;
Sur l'univers craintif il étend sa puissance :
Sa tête est dans les cieux, son pied touche aux enfers,
L'empyrée est son dais, son trône est l'univers.
Captif d'autant plus sûr que moins il pense l'être,
Ce monde se croit libre en l'adoptant pour maître.
Il marche environné de folles visions ;
Sur son front est écrit PRINCE DES NATIONS.
À Lisbonne, à Goa, c'est son pouvoir qui tonne,
Qui forme, qui détruit, qui punit, qui pardonne.
On le vit autrefois au rivage africain
Enfermer sa victime en en un brûlant airain,
Du couteau de Calchas frapper Iphigénie,
Enterrer la vestale aux champs de l'Ausonie,
Du vertueux Socrate ordonner le trépas,
Porter partout la crainte, armer tous les états.
Mais, dira-t-on, le prêtre atroce et sanguinaire

Tint-il toujours en main la hache meurtrière ?
Fit-il toujours couler le sang sur les autels ?
S'il parut quelquefois indulgent aux mortels,
C'est lorsqu'à l'univers il commandait en maître ;
Mais sitôt que du vrai le jour vint à paraître,
Que le sage voulut saper l'autorité
D'un empire fondé sur l'imbécillité,
Le prêtre alors devint cruel, impitoyable ;
Armé par l'intérêt, il fut inexorable ;
Il ordonne le meurtre, il en fait un devoir.
Devant son tribunal le prince est sans pouvoir.
À son secours alors c'est en vain qu'il appelle
Cette même raison que bannit le faux zèle ;
Aux esprits éclairés en vain il a recours,
Exilés d'un état ils le sont pour toujours :
Un roi reste entouré de sujets imbéciles,
Contre un clergé puissant défenseurs inhabiles.
Eh ! que peut-il alors sitôt que dans un cœur
L'aveugle intolérance a porté sa fureur ?
Qui peut lui résister ? Un mortel qu'il inspire
Sous ses drapeaux sacrés combat, triomphe, expire.
Pieusement cruel, il foule sans pitié
Les droits du sang, l'amour, et la tendre amitié.
L'interprète des dieux commande-t-il un crime ?
Il est trop obéi, tout devient légitime.

Aussi le sang humain, versé par les païens,
A-t-il souvent rougi le temple des chrétiens.
Nous crûmes trop longtemps, aveugles que nous sommes,
Qu'on honorait le ciel en massacrant les hommes,
Qu'on pouvait sur l'autel d'un Dieu de charité
Sanctifier la haine et l'inhumanité.

Déjà, pour se venger du sénat d'Angleterre,
Garnet a comprimé, des foudres sous la terre :
A-t-on saisi ce monstre ? est-il prêt à périr ?
Incendiaire à Londres, à Rome il est martyr.

Vers sur la mort d'Helvétius

Aux mânes de mon ami

O toi qui ne peux plus m'entendre,
Ami qui, dans la tombe avant moi descendu,
Trahis mon espoir le plus tendre :
Quand je disais, hélas que j'avais trop vécu,
Qu'à ce malheur affreux j'étais loin de m'attendre !

Ô comment exprimer tout ce que j'ai perdu
C'est toi qui, me cherchant au sein de l'infortune,
Relevas mon sort abattu,
Et sus me rendre chère une vie importune.
Ta vertu bienfaisante égalait tes talents :
Tendre ami des humains, sensible à leurs misères,
Tes écrits combattaient l'erreur et les tyrans,
Et ta main soulageait tes frères.
L'équitable postérité

T'applaudira d'avoir quitté
Le palais de Plutus pour le temple des sages,
Et s'éclairant dans tes ouvrages,
Les marquera du sceau de l'immortalité.

Faible soulagement de ma douleur profonde !
Ta gloire durera tant que vivra le monde.
Que fait la gloire à ceux que la tombe a reçus ?
Que t'importent ces pleurs dont le torrent m'inonde !
Ô douleur impuissante ! Ô regrets superflus !
Je vis, hélas ! je vis, et mon ami n'est plus.

par SAURIN

Sur Helvétius

BIENFAITEUR délicat, riche sans étalage,
Père tendre, ami généreux,
Au sein de l'opulence il eut les mœurs d'un sage,
Et son or lui servit à faire des heureux.
Mais, vers le déclin de son âge,
Des vices de son temps la désolante image
Vint le blesser d'un trait si douloureux,
Qu'au-delà des rivages sombres,
Entre Platon et Lucrèce attendu,
Doucement il est descendu
Chercher des vertus chez les ombres.

par DORAT

Pour mettre au bas du portrait d'Helvétius

DES SAGES d'Athènes et de Rome
Il eut les mœurs et la candeur ;
Il peignit l'homme d'après l'homme,
Et la vertu d'après son cœur.

par DE LA ROCHE

Bibliothèque hédoniste

précédemment parus

Érasme, *L'Épicurien et autres banquets*
(présentation de Michel Onfray)

Lorenzo Valla, *Sur le plaisir*
(présentation de Michel Onfray)

La Mothe le Vayer, *Hexameron rustique*
(présentation de Joseph Beaude
préface de Michel Onfray)

Cyrano de Bergerac, *La mort d'Agrippine*
(présentation de Jean-Charles Darmon)

Jérémie Bentham, *Déontologie*
(présentation de François Dagognet)

Achevé d'imprimer en octobre 2006
sur les presses de l'imprimerie Chirat
(42540 St-Just-la-Pendue),
pour le compte des Éditions Michalon
collection encre marine
selon une maquette fournie par leurs soins.
Dépôt légal : octobre 2006
ISBN : 2-84186-342-5